KB069334

코로나19 시대의 인생 재테크

코로나19 시대의 인생 재테크

초 판 1쇄 2020년 10월 20일

지은이 김순길
펴낸이 류종렬

펴낸곳 미다스북스
총괄실장 명상완
책임편집 이다경
책임진행 박새연 김가영 신은서 임종익
본문교정 최은혜 강윤희 정은희 정필례

등록 2001년 3월 21일 제2001-000040호
주소 서울시 마포구 양화로 133 서교타워 711호
전화 02) 322-7802~3
팩스 02) 6007-1845
블로그 http://blog.naver.com/midasbooks
전자주소 midasbooks@hanmail.net
페이스북 https://www.facebook.com/midasbooks425

© 김순길, 미다스북스 2020, *Printed in Korea*.

ISBN 978-89-6637-862-3 03190

값 15,000원

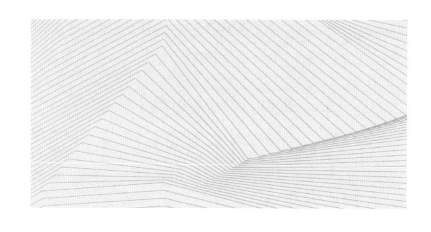

코로나19
시대의
인생 재테크

김순길 지음

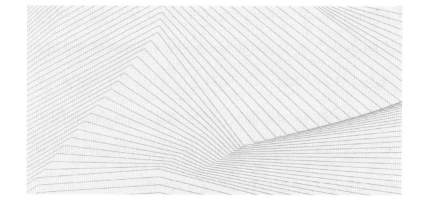

미다스북스

코로나19는 내 삶의
재테크 문을 열었다

20대 초반부터 타지생활을 하면서 본의 아니게 많은 빚을 졌고 빚을 갚으며 젊은 시절을 소리 없이 흘려보냈다. 그렇게 인생 절반을 넘게 살아오던 어느 날 스스로를 돌아보며 이대로 살면 고생만 하다가 끝날 것 같다고 느꼈다. 그리고 새로운 인생을 찾아 책을 쓰게 되었고, 책으로 인생을 재테크하는 작가의 길을 가기로 했다. 지난날 육체적으로 많은 시련과 고난을 겪으며 살아온 경험을 삶의 주춧돌이라 여기며, 오늘도 노트북의 키보드를 치며 부족하나마 삶의 경험에서 터득한 지혜를 독자들에게 전해주고자 옮겨 적어본다.

특별한 삶을 살아온 것은 아니지만 중년을 넘어가는 나이가 되도록 다람쥐 쳇바퀴 돌 듯이 바쁘게 살아온 터라 노후는 준비조차 할 수 없었다. 미래를 생각하며 나 자신을 바라보니 고생한 흔적만 남아 있었다. 남들이 생각하기에 늦었다고 할지 모르지만 이제부터 내가 하고 싶었던, 가슴에 묻어두었던 꿈을 펼쳐나가며 퇴직할 염려도 없고 은퇴할 나이도 정해져 있지 않은 작가의 길을 걷기로 했다. 그리고 지금 내 삶의 재테크를 시작한다는 마음으로 한 발 한 발 나아가고 있다.

그런 마음으로 첫 번째 책 『하나님 이제 남 눈치 보지 않고 나답게 살겠습니다』를 출간한 데 이어 코로나19의 여파로 직장생활도 예전과 같이 이어갈 수가 없는 현실이 와닿자, 『코로나19 시대의 인생 재테크』라는 두 번째 책을 진심을 담아 집필했고 출간하게 되었다. 뚜렷한 스펙은 없지만 그래도 이루어놓은 것이라면 삼형제가 거창한 사춘기를 보내면서도 반듯하게 지성인으로 잘 자라준 것, 각각 성향에 맞는 직업을 찾아 사회인으로 자리매김을 하며 의젓한 성인이 되어준 것이 자랑거리 중 첫 번째라는 생각을 한다. 내 인생의 모든 것은 과거에 생각했던 대로 현실로 나타나는 것이라고 확신한다. 또한 남아 있는 미래도 내가 생각하고 그려놓은 대로 흘러가리라 확신한다. 준비되어 있는 미래의 나에게 가기 위해 오늘의 나는 최선을 다하며 조금씩 나 자신의 삶을 만들어가고 있다.

책을 쓴다는 것은 자신의 분신을 만들어내는 일이라고 한다. 내가 갈 수 없는 곳까지 닿아서 나 대신 나를 판매해주고 있다. 이런 점을 되새기며 큰 자부심을 느낀다. 부족함이 많겠지만 이 책이 조금이라도 독자분들의 삶에 도움이 되길 바란다. 모든 독자분이 자신이 바라는 인생을 살고 자신이 소원하는 삶은 스스로 만들어가는 것이라는 사실을 조금이라도 빨리 깨닫고 이루어가길 바란다.

꿈은 가슴에 새겨두고만 있으면 이루어지지 않는다. 지금이라도 꿈을 이루기 위해 생각하며 살기 시작한다면 목표에 다가갈 수 있다. 언제나 좌절하지 않고 긍정의 생각과 긍정의 말로 행동하고 실천해간다면 성공은 내 것이 될 것이다.

책을 쓰는 동안 사랑과 용기와 응원을 보내준 가족과 친지, 지인들에게 감사를 드린다. 코로나19로 위기를 기회라 여기며 남은 미래에 대한 재테크를 책으로 시작하여 조금씩 더 나은 미래를 준비해나갈 것을 다짐해본다. 그리고 두 번째 책에 이어 세 번째 책을 쓸 것을 계획하며 항상 책과 함께하는 행복한 삶의 재테크를 할 것이다.

2020년 10월
김순길

Part 1

오늘의 아픔 또한
지나가리라

01

시련이 곧 축복이다

예전과는 다른 늦은 아침이 되어서야 하루의 문을 연다. 바쁘지도 않고 서두를 일도 없이 느긋한 마음으로 아메리카노를 마시며 책상에 앉아 휴대폰으로 이것저것 검색한다. '한책협카페'에서 오늘의 댓글을 살펴보며 회원님들의 소식을 접하고 나 역시 댓글로 인사를 올린다. 예전엔 꿈도 꾸지 못했던 많은 선후배 작가님들이 소중한 벗이 되어 서로의 안부를 묻는다. 삶의 태도, 생각, 생활이 완전히 바뀐 삶이 내 것이 되었다. 책 한 장을 읽어볼 수 없이 시간에 쫓기듯이 살아온 지난날, 시련이 안겨준 축복이 되었다.

하루라도 책을 읽지 않으면 안 될 것처럼 무심히 보내는 시간이 아까워 온종일 책과 같이 보내는 내가 되었다. 책도 읽어본 사람이 책을 접하기가 쉽듯이 책을 써본 사람이 책을 쓴다고 한다. 왜 그럴까? 책을 읽고 쓰면 이미 습관화되어버린 듯 자연스럽게 책을 읽고, 책을 쓰게 된다.

예전에 나는 이른 아침부터 집안 청소와 가족이 먹을 저녁밥까지 준비를 해놓고 바쁜 출근길을 가야 했다. 인생 중반을 넘어가는 시점까지 인생과 싸움이라도 하는 듯한 힘든 삶을 살았다. 점차 나이가 들면서 힘에 겨운 일이 건강을 위협해왔고, 나 스스로 더 이상의 힘든 일을 회피하기 시작했다. 기댈 곳은 다른 삶을 선택하는 것뿐이었다. 일방적으로 내 인생을 주문이라도 하듯이 힘든 일을 하지 않고 살 수 있게 해달라고 기도했다. 육신의 아버지께 투정 부리는 것처럼 떼를 쓰며 입에 달고 보내는 날들의 연속이었다. 많은 시간이 지난 어느 날 내 마음의 문이 열리기 시작했다.

20대에 사회에 나와 경험 부족으로 사기를 당해 큰 빚을 져 가장 힘든 시련을 겪을 때 언젠가 시간이 허락되면 꼭 책을 쓸 것이라고 다짐했던 일이 내면에서 고개를 내밀고 있었다. 그리고 책을 쓰기 위한 길을 가라는 마음의 울림을 느꼈다.

늦은 밤 일을 마치고 돌아와 잠자리에 들기 전 유튜브의 〈김도사TV〉를 통해 책을 쓰기 위한 동기 부여를 받았고 '한책협 1일 특강'에 참여하면서 6주 과정의 책 쓰기 수업을 마치고, 4주 만에 원고를 집필하여 드디어 이 세상에 내 이름 석 자로 된 『하나님 이제 남 눈치 보지 않고 나답게 살겠습니다』라는 책을 낸 저자이자 작가가 되는 결실을 맺었다. 단기간에 원고를 완성할 수 있었던 것은 고단했던 시련을 겪으며 많은 경험과 하나님의 축복을 통해 얻은 지혜를 글로 옮기기 바빴기 때문이다. 하나님은 내 인생 2막의 결실을 맺게 하시기 위해서 험난한 삶을 선물로 안겨주셨던 것이다. 지금 이 순간도 삶의 재테크를 하는 데 최선을 다하여 시련이 축복이라는 깨달음을 글을 옮겨본다.

책 한 권을 쓰고 내 삶은 180도 바뀌었다. 나의 가장 친한 친구는 직장의 동료, 사회의 친구가 아닌 작가의 대열에 서 있는 선후배 작가님들이 되었다. 많은 책들이 좋은 글을 써서 책을 완성할 것에 중점을 두고 생활하는 태도와 공부하는 삶의 자세로 나를 변화시켰다. 분명한 인생관을 갖게 되었고 확고한 목표를 세우고, 목표에 집중하는 습관을 가지게 되었다.

인생을 성공적으로 변화시키고자 목표를 향해 발전해가는 나 스스로에게 당당한 자세로 두 번째 책을 쓰기 위해 생각과 마음을 다잡고 있는 그대로 적어본다. 첫 번째 책을 쓰기 시작할 때는 무조건 써야 한다는 생각이 앞서 살아온 경험 그대로를 옮겨 적기에 바빴다. 그러나 지금은 급한 마음이 안정되었고 좀 더 진취적인 글을 써야겠다는 생각에 조금은 부담스럽게 느껴진다. 하지만 본분에서 벗어나지 않고 제2의 삶에서의 재테크라고 생각하며 부족한 첫 번째 책을 보충한다는 자세로 성심성의껏 글을 쓰기로 한다. 누구에게나 인생에 시련은 따르기 마련이다. 그러나 시련은 곧 축복을 받기 위한 준비 과정이라는 것을 알고 슬기롭게 잘 견뎌내는 지혜를 가져야 할 것이다.

책을 쓰고 난 뒤에 가족, 친지, 나를 아는 주위 모든 분이 찬사를 보내주셨고, 일반인에서 작가라는 신분으로 다시 태어난 삶을 살아가게 되었다. 많은 분들의 성원을 잊지 않을 것이며 성원에 보답하기 위해서라도 더 좋은 글로 인사를 대신할 수 있도록 집필 활동에 열중하며 베스트셀러 작가가 되기 위해 열심히 노력하며 달려갈 것이다. 이제는 일만 하는 엄마가 아닌 책 쓰는 작가 엄마로, 남은 내 인생에 꽃을 피우며 아름다운 향기를 책 속에 한 땀 한 땀 수를 놓듯이 펼칠 것이다. 가난한 환경에서 제대로 꿈을 펼쳐보지 못하고 갈 길을 돌아볼 여유조차 없이 하루하루 힘겹게 살면서 얻은 교훈을 책으로 완성하고자 한다. 일만 하며 보내던 날에는 결코 느껴보지 못한 여유와 행복을 느낀다. 내가 좋아하는 것, 내가 하고 싶은 것을 하기 때문에 불평불만도 없다. 어느 누구도 탓하지 않고 시간에 구애받지 않으며 오히려 가족의 응원이 힘이 되어준다.

책을 쓰기 전에는 나의 육신으로 일을 해야 했다. 이제는 내 이름으로 된 내 책이 스스로 일꾼이 되어 세상 곳곳을 다니며 나 대신 일을 한다. 하나님이 축복을 주신 내용이 담긴 『하나님 이제 남 눈치 보지 않고 나답게 살겠습니다』라는 책으로 여러 단체, 기관, 교회, 독자들로부터 많은 강연, 상담 등 섭외 요청이 끊임없이 들어온다. 코로나 19 여파가 한풀 꺾인 시점이지만 아직은 사람과의 거리 두기가 필요한

때라서 모든 일정을 가려서 진행해야 하기 때문에 예정을 미루고 있는 실정이다. 섭외 요청이 올 때마다 가슴이 쿵쾅거린다.

어떻게 풀어나가야 할지 면접시험 보러 가는 수험생처럼 떨려온다. 이럴 때 초등학교 시절, 교단에 서서 웅변을 할 때 운동장을 가득 채운 선후배가 응원해주던 박수갈채를 떠올리며 용기와 힘을 얻는다. 지금 이렇게 노트북과 대화를 나누며 글을 쓰게 될 줄 상상이나 해봤을까? 휴대폰의 많은 기능도 알지 못하며 컴퓨터 근처도 가보지 않던 컴맹인 나는 수많은 시련과 고난을 겪어야 했지만 지금은 노트북과 휴대폰을 가장 가까운 친구로 삼고 삶의 재테크를 하고 있다. 이제는 힘든 일 대신 그동안 삶의 지혜로 새로운 인생을 살고 있다. 이런 자신을 볼 때마다 기쁨의 눈물을 흘린다. 세상에 한 줄기 빛이 되기 위해 최선을 다해 소명을 받들어 겸손하고 낮은 자세로 살아갈 것이다.

예전에 다니던 교회에서 간증 집회를 해달라는 섭외가 왔다. 예전에 알고 지냈던 성도님이 여러 분 계시는 곳이었다. 평상시 성도님들을 대하듯이 자연스럽게 인사말을 드리고, 하나님의 말씀을 직접 듣게 됐던 상황과 시련을 겪을 때의 아픔을 이야기로 전하면서 나도 모르게 울컥했는데 모든 성도님이 눈물을 삼키고 계셨다. 어떻게 말을 전해야 할지 걱정을 하며 올라선 강단 위에서 지난날들의 은혜를 꺼내놓았다. 가슴이 따뜻해지면서 올라오는 말들은 내가 아닌 하나님이 역사하심으로 풀어내는 말들이었다. 1시간 남짓으로 예정되었던 시간이 2시간 가까이 되어서야 끝났다. 목사님을 비롯해 많은 성도님들이 뜻 깊은 은혜를 받으셨다며 감동의 눈물을 흘리셨고, 감사의 박수갈채를 보내주셨다. 나는 무슨 말을 전했는지 훌쩍 지나간 시간이 놀라웠고, 마치고 난 뒤 가슴이 후련해진 것을 느꼈다. 또다시 가슴에 남아 있던 상처들이 치유되는 것 같았다. 겪었던 시련이 축복을 안겨주는 선물이 되었다.

이제는 지난날 아픈 기억을 떠올리면 시련을 잘 견뎠다는 기쁨의 눈물이 흐른다. 그러면서 과거의 아픔들은 오늘의 나를 만들기 위한 과정이었다는 생각을 한다. 모든 분이 삶의 시련을 겪으며 성숙하고 노련한 인생을 살아가게 되었을 것이라고 생각을 해본다. 그만큼 시련은 인생에 속해 있는 삶의 과정이라고 생각한다. 시련의 과정을 지나고 나면 준비되어 있는 축복의 길을 갈 수 있다. 하나님은 아픔이 남은 자국들을 말끔히 사라지도록 치유의 은혜를 베풀어주셨다.

부산가톨릭대학교 염철호 신부님은 주님께서는 당신 일을 하는 이들을 그냥 내버려 두는 분이 아니시라고 한다. 단지 우리가 주님께서 항상 우리 곁에 계시며 돌보시고 계시다는 사실을 까마득하게 잊고 산다고 말한다.

하나님은 커다란 바람도, 커다란 불도, 커다란 힘도 아니라 정말 실바람 같은 잔잔한 목소리로 우리에게 다가와서 "용기를 내어라, 나다, 두려워하지 마라."라고 말씀해주신다(마 14:27).

언제나 조용히 다가와 우리 곁에 머물면서 힘과 용기를 주시는 주님께 감사드리고 시련이 올 때면 곧 축복을 주시려는 것이라 여기며 기쁨으로 지혜롭게 살아가야 한다. 시련이 있기에 더 값지고 새로운 인생을 시작할 수 있는 동기 부여를 받게 되었다. 아마도 많은 시련을 겪어보지 않았다면 아직도 주어진 하루라는 시간을 의미 없이 보내며 살아가고 있을 것이다.

02

실패는 성공의 디딤돌이다

　가깝게 지내던 친구가 갑작스럽게 찾아온 병마로, 하던 노래방을 인수해주었고 그것을 운영하게 되었다.

　사회 경험도 많지 않았던 때라 힘든 영업이었다. 낮과 밤을 바꾸어 생활하는 것을 비롯해 여러 면에서 어려움이 따라다녔다. 영업을 한 지 3년 차가 되어 영업을 접으려 할 때 즈음 자주 찾아오는 손님이 동양증권 선물거래를 하는 사람을 소개해주었다. 그 후로 거의 매일 가게에 와주었고 하루는 선물거래에 투자를 해보라면서 선물거래에 대해 설명을 해주었다. 한 구좌당 1,500만 원인데 이익금이 200만 원 선이라며 투자하기를 권했다. 나는 혹하는 마음이 들었다. 노래방 영업을 그만두고 그 돈으로 선물거래를 2구좌만 해도 한 달 생활할 수 있는 돈이 주어질 것이라는 말에 밤을 새지 않고도 편히 생활할 수 있겠구나 싶어 노래방을 다른 사람에게 넘기고 보증금과 권리금으로 받을 돈을 투자하기로 마음먹었다.

이른 나이에 타지에 나와 의지할 곳이 없었던 나는 사람을 판별할 줄 아는 지혜가 부족했고, 내게 관심을 가져주고 좋은 말을 해주는 그 자체만으로 사람을 믿었다. 그런데 상대방은 처음부터 내 약점을 노리고 이용 가치로 삼아 사기를 칠 계획을 하고 내게 접근했던 것이다. 이런 사실을 전혀 알지 못한 채 선물거래에 투자하기 위해 서둘러서 가게를 내놓는 바람에 권리금도 제대로 받지 못하고 가게를 넘겨주게 되었다. 인수금을 받자마자 그날 바로 투자금 4,500만 원을 넣었다. 내 이름으로 된 선물 구좌를 지인이라는 사람이 운영해서 이익금을 만들어준다는 것이었다. 나는 힘들지 않게 돈을 벌 수 있다는 말만 믿고, 내가 한 투자를 서울에 살고 있는 여동생에게 자랑하면서 권했다. 며칠이 지나지 않아 동생이 2구좌의 돈 3,000만 원을 투자해달라고 보내왔다. 대신 언니를 믿고 투자를 하는 거니까 만약에 잘못되면 언니가 꼭 갚아달라고 했다. 나는 그 당시에는 수고 안 하고 투자만으로 많은 돈을 벌 수 있다는 생각에 의기양양해서 당연히 갚아주겠다고 약속해버렸다.

지금 생각해보면 나는 모자라도 한참 모자란 사람이며, 바보 중의 큰 바보 같다. 무엇을 믿고 엄청난 그 큰돈을 덜컥 맡겼던 것인지 나 자신을 자책할 뿐이다. 2008년을 넘어가는 12월에 투자를 하고 한 달 보름쯤 지났을 때 연말정산을 하느라 이익금을 못 만들었다며 해가 바뀌면 투자에 결실이 있을 것이라는 해답을 끝으로 투자금은 흔적도 없이 사라지고 통장의 잔액은 0원이 되었다. 순식간에 물거품처럼 허황된 부자의 꿈은 사라졌고 많은 것을 잃고 말았다.

무엇을 어떻게 해야 할지, 어떻게 수습 절차를 밟아야 할지 눈앞이 캄캄했고, 낮과 밤이 바뀐 생활을 3년 정도 하다 보니 정상적인 생활에 적응하기도 힘겨워 몇 날 며칠을 영혼이 없는 사람처럼 삶의 끈을 놓아버리고 있었다. 도저히 살고 싶은 생각이 들지 않았다. 먹는 것도, 잠을 자는 것도 잊어버린 듯했다. 가진 것 다 잃고 하나밖에 없는 동생에게도 사기 치는 나쁜 언니로 남았고, 가족에게도 염치가 없고 아무런 희망이 없었다. 가족이 모두 잠든 깊은 밤, 베란다의 높은 선반에 압박 붕대를 감고 죽어야겠다고 결심하며 생과의 이별을 준비하고, 식탁 위에 간단한 유서라는 글을 써놓고 한참 울고 있는데, 큰아들이 느낌이 이상했는지 베란다 문을 열고 선반에 묶어놓은 압박 붕대를 보고 놀라서 나를 끌어안고 울었다. "말 잘 들을게요. 엄마 죽지 마세요. 내가 커서 돈 많이 벌어다줄게요." 내 몸은 나만의 것이 아니었다. 자식을 키워야 하는 의무와 책임이 있는 엄마였다.

아들을 부둥켜안고 얼마나 울었는지, 남편도 아이들도 펑펑 울고 있었다. 정신을 차리고 엄마니까 살아야겠다고 다짐했다. 또 한 번의 인생 고비를 넘기며 더 크고 단단해진 정신을 얻게 되었다. 이렇게 시련은 또 다른 길을 열어주기 위해 마련된 디딤돌이 되었던 것이다. 시련을 겪으며 디딤돌을 밟고 일어서서 정해져 있는 인생길에 오르는 것이다. 사람들은 누구나 쉬운 인생만 살지는 않을 것이다. 시련이 올 때마다 슬기롭게 이겨내며 좌절하지 않고 포기하지 않으며 앞으로 나아갈 때 성공은 다가와 있을 것이다.

선물거래를 해준다는 사람은 어디론가 흔적 없이 사라지고, 그 사람이 살고 있던 집 앞에는 나와 똑같은 방식으로 피해를 본 사람들 5~6명이 망연자실한 모습으로 모여 있었다. 피해를 입은 사람들과 법무사에게 가서 고소장을 쓰고 관할 경찰서에 제출했다. 오랫동안 고생하며 이루었던 가정의 기반과도 같은 돈을 허황된 꿈으로 일순간에 잃고 또다시 빚쟁이가 되어 돈을 벌기 위해 일을 찾아야 했다. 집을 살 때 받았던 6,700만 원의 대출금이 그대로 남아 있는 터라 넋 놓고 앉아 있을 수만은 없는 형편이었다. 동네 가까운 거리에 있는 마트에서 일자리를 구해 낮에 일하고 저녁에는 식당에서 서빙 알바를 하며 온종일을 바쁘게 보내는 현실 속에서 사기를 당한 피해의식은 조금씩 멀어져가고 있었다. 그러다가도 힘이 들 때면 불현듯이 떠오르는 7,500만 원의 상실감으로 급격히 무기력해지는 감정에 빠지기 일쑤였다.

세상에 하나뿐인 동생과도 돈을 잃게 했다는 이유로 연락 두절이 되었고, 돈을 갚아주지 않는 한 언니라는 대접도 받지 못할 것 같았다. 열심히 일을 하고 있던 2009년 11월, 고소장을 제출한 경찰서에서 고소한 사람이 사기죄로 기소중지자가 되어 전라남도 신안군에 있는 소금밭에서 붙잡혔다고 연락이 왔다. 나중에 알고 보니 동양증권에 있는 사람도 아니고, 이혼한 신용불량자에 떠돌이 생활을 하며 간접적으로 조금 알고 있는 증권 거래로 여러 사람에게 사기를 친 전과 기록이 있는 사람이었다. 이런 최하급의 사람에게 사기를 당한 나 자신이 원망스럽고 돌이킬 수 없는 사실이라는 것에 자괴감이 들어 오랫동안 힘들었다. 한편으로는 건강한 몸이 있다는 것이 감사해서 나 스스로를 위로하고 앞만 바라보고 열심히 살아가기로 결심하며 악착같이 살았다.

큰돈을 사기당했음에도 탓하는 말 한마디 없이 묵묵히 지켜주고, 괜찮다고 돈은 벌면 된다고 따뜻한 말로 위로해주는 남편이 있어서 든든하고 고맙다. 사람을 믿었고 선한 마음을 가진 사람을 이용해 사기를 치고 가정 파탄에 이르게까지 만드는 악한 영혼을 가진 사람들이 더 이상 세상에 존재하지 않기를 바란다. 잃은 돈보다 사람에게 받은 상처는 쉽게 치료가 되지 않는다. 13년이 지난 지금까지도 그때 아픔들은 사라지지 않는다.

상처는 남아 있지만 그로 인해 많은 성장을 했다. 타고난 부지런함으로 집안에서나 직장에서나 가만히 할 일 없이 손 놓고 지내지 않았다. 일거리가 없으면 일거리를 찾아 만들어서 일을 해야 마음이 편안해진다. 사람의 배신으로 인해 더는 배신을 당하지 않는, 사람을 볼 줄 아는 눈도 가지게 되었다. 20년 동안 많은 사람들을 상대로 장사도 해보고 일을 하다 보니 상대방의 눈빛만 봐도 사람을 읽을 수 있는 통찰력이 생겨 말을 아껴서 하게 되었다. 필요한 말 이외는 입을 닫게 되었다.

열심히 살아온 덕에 내 집도 마련했고, 아이들도 바르게 성장하여 각각의 성향에 맞는 사업가로 자리매김을 하고 있다. 나 또한 이 순간 지난날의 시련을 편안한 마음으로 적고 있으니 얼마나 행복한가! 실패가 준 아픔이 나를 더 꿋꿋하게 만들었다. 사기를 당해 아픔 속에서 허우적대며 울어야 했고, 목숨까지 끊으려 했던 심정을 지켜본 가족은 나로 인해 얼마나 많은 아픔을 겪어야 했을까? 그럼에도 끝까지 내 손을 놓지 않고 지켜주었기에 오늘날 누구나 부러워하는 작가가 되었다. 모든 실패는 성공의 디딤돌이란 사실을 깨닫게 된 것에 무한한 감사를 드린다.

시련은 우리에게 꼭 필요한 것이다. 시련이 있기 때문에 우리는 더욱 단단해질 수 있고 부족한 부분을 보완할 수 있다. 우리가 가고자 하는 선로를 이탈만 하지 않는다면 결국은 잘되게 되어 있다. 성경에도 '욕망하라. 돈은 아름다운 것이다. 많은 돈을 벌어서 많은 사람들을 도와주고 나눠주라'는 식의 문구가 꽤 많다.

　　가난하게 살기보다는 부자가 되어서 선한 부자로 살아가야 한다. 그렇게 할 때 스스로에게 구원자가 될 수 있고 여러분의 배우자와 아이들, 가족에게 선한 영향력을 주는 사람이 될 수 있다. 네빌 고다드의 『상상의 힘』에 나오듯이 부와 성공을 위해서는 의식 상승, 의식 확장, 영적인 세계에 대해 잘 알아야 한다. 이런 요소들이 부와 행운을 만나는 출발점이다. 나는 그 책을 통해 의식이 얼마나 중요한지 알게 되었다. 네빌 고다드는 많은 사람들의 삶을 바꿔주는 사람, 삶 자체를 송두리째 바꿔주는 사람이다. 그는 에디오피아 랍비 압둘라를 만나서 인생이 빠르게 변했다. 그는 빠르게 부자가 되고 성공하고 싶다면 의식 세계에 눈을 뜨라고 한다. 의식적으로 바라는 것이 이루어졌음을 선포하고 상상한다면 그것이 빠르게 이루어진다는 것이다. 우주의 법칙을 알고 실천하는 사람들이 정말 큰 부자가 되고 행복한 인생, 후회 없는 삶을 살아가게 된다. 우주의 법칙은 끌어당기는 것, 확신과 믿음, 감사함이다. 실패는 성공의 디딤돌이며 내 인생의 나침반이다.

03

아직도 해야 할 일은 많다

몇 년 전 여름에 어릴 적 떠나온 고향에 가보기 위해 남편과 삼형제 아이들을 데리고 충북 청주에 살고 있는 오빠 집에 갔다. 자주 찾아뵙지 못해 오랜만에 만나 뵙는 연로하신 어머니와 오빠, 올케언니, 조카들이 왠지 서먹하고 어색하게 느껴진다. 그러면서도 조금 시간이 흐르고 나니 핏줄은 통하는지 곧 푸근한 가족의 느낌이 전해온다. 덩치 큰 네 부자와 나의 다섯 식구가 집에 모이자 집안이 꽉 찬 듯이 잔칫집 분위기가 나기 시작했다. 좀 더 가까이에 살았더라면 더없이 가깝게 지냈을 남매이지 않을까? 큰 아이스박스에 한가득 준비해온 싱싱한 생선회를 먹고, 생선회를 먹지 못하는 조카들은 삼겹살을 굽고, 거실에 각종 맛있는 음식이 한 상 가득 차려졌다. 서로 살아가는 이야기로 꽃을 피우며 행복한 만찬을 즐겼다.

이튿날 유년 시절을 보냈던 괴산군 사리면 화산리 대촌 고향 집에 가보고 선산에 묻히신 아버지의 산소에 가보기 위해 어머니를 모시고 길을 나섰다. 가는 길에 벌초도 할 겸 잡초를 제거할 도구를 챙기고, 아버지께 올려드릴 음식을 준비해서 가물거리는 기억 속의 고향을 40년이 지난 후에야 찾아가게 된 것이다. 한참을 달려서 찾아온 나의 고향 집은 건물은 사라지고 잡초가 가득한 공간에 덩그러니 땅만 남아 있었다. 90이 넘으신 어머니가 다행히 건강하시고 정신력도 잃지 않으셔서 옛날 흔적을 찾아내셨다.

감사하게도 오촌 아저씨의 아주머니가 고향 그 자리에 여전히 살고 계셔서 너무나 반갑게 맞이해주셨다. 어릴 적 내 모습을 이야기하시며 똘똘하고 예쁘고 여자 장군감이었다고 나의 삼형제 아이들에게 말해주셨다. 타임머신을 타고 유년 시절로 돌아가 동네 이곳저곳을 살

피며 옛 기억을 찾아냈다. 행복했다. 이 순간만은 옛날의 어린 꼬맹이가 되어 마냥 즐겁고 신나게 뛰어놀고 있었다. 자연 그대로의 아름다움, 이름 그대로의 청정지역 오지인 곳에서 태어났다는 것이 큰 축복이란 자부심을 느꼈다.

남편은 나에게 깊은 산골에서 태어나 부산까지 왔다고, 내가 자기를 만나 출세했다고 한다. 내가 출세한 것이 아니고 당신이 나를 만난 것이 출세한 것이라며 함박웃음을 짓는다. 어머니가 아버지 산소를 찾아가기 위해 앞장을 서시고 낫으로 잡초들을 쳐내시며 길을 터주신다. 90이 넘으셨다고 하기엔 믿기지 않을 만큼 대단하신 나의 어머니다. 나는 아버지 산소가 초행길이다. 무슨 사연이 그리도 많았는지 한번도 찾아뵙지를 못했다. 더 늦기 전에 남편과 삼형제 아이들과 함께 나의 아버지께 인사를 올리고 싶었다. 항상 아버지께 죄송한 마음을 갖고 살아왔다. 한참 길을 만들어주시는 어머니와 남편 뒤를 따라 가서야 아버지가 계신 산소를 찾게 되었다.

삼형제 아이들은 이런 경험이 처음이다 보니 힘들게 풀숲을 헤쳐 산을 오르고 지쳐서 산소 옆 나무 밑에 자리를 깔고 누운 채로 올려다보는 눈부시고 황홀한 하늘빛에 감탄해서 노래를 부르고 있었다. 한숨 돌리고 난 뒤 아버지께 예를 갖추고 인사를 올렸다. 너무도 늦게 찾아뵙는 아버지께 죄송스러워 눈물이 흘렀다. 아버지께 남편과 아이들과 함께 앞으로는 자주 찾아뵙겠다고 약속을 드리고, 산소 주변의 잡초 제거에 힘을 합쳤다.

인자하시고 자상하셨던 나의 아버지는 청년 시절에 일본에 징용으로 끌려가셨다가 해수천식이라는 지병을 오래도록 앓게 되셨고, 70이라는 나이가 되어서까지 끝없이 끓는 기침을 하시는 세월을 보내다가 돌아가셨다. 고향을 떠나 도시로 나오신 아버지는 농사일만 하시다가 직장생활(염색공장)을 하며 일꾼으로 해보지 않은 일을 하느라 힘겨운 날들을 사셨다. 중년을 넘는 나이가 되어서야 부모님의 소중함을 깊이 있게 알게 되었다. 그러나 정작 효도하고자 할 때는 이미 아버지가 세상을 떠나신 후였다. 마냥 살기 바쁘다는 이유로 제 앞가림만 하기 위해 동동거리며 핑계 아닌 핑계를 대며 살았을 뿐 부모님 마음을 조금도 생각해보지 못했던 것이다.

후회를 해본들 돌이킬 수 없는 세월을 어떻게 보상할 수 있겠는가!

그렇다고 부모님이 자식에게 큰 효도하기를 바라시는 것도 아닌데, 생전에 한 번이라도 더 찾아뵙는 것이 자식 된 도리인 것을 그것마저도 채워드리지 못했던 것이 가슴에 맺혀서 나이를 먹고 난 후에야 가슴을 치며 후회를 한다. 잘 살아온 인생도 아니며, 부모님 몸을 빌려 이 세상 빛을 보고 있으면서 불효한 자식이 되고 말았다. 아버지의 묘지 앞에서야 가슴에 쌓인 무거운 회한이 치밀어 올라와 잠시 가족 모두 울음바다가 되었다. 부모가 되어서도 정작 자식만 소중한 줄 아는데 부모님을 자식이 소중한 만큼 소중히 여겼더라면 불효자식이란 딱지는 붙지 않았을 것이다.

자식은 부모가 되어서도 어디까지나 자식의 테두리를 벗어나지 못하는 것 같다. 똑같이 자식 역시도 대물림되는 것이 사람이 사는 세상인지도 모른다. 자식만은 그러지 않기를 기대해보지만 그것은 부질없는 욕심일지도 모른다. 왜? 나 또한 그렇게 해왔기 때문이다. 자식만 바라보며 평생 희생했다고 자식이 부모의 노후까지 책임져주길 바라지는 못한다. 자식이 부모의 노후를 책임져주길 바라지 말고 한 살이라도 젊을 때 노후 대책을 해놓아야 한다. 무슨 일이든 할 수 있는 젊은 날은 잠시 왔다 간다. 일할 수 있을 때 노후의 기반을 세워놓지 않으면 일할 수도 없는 나이에 폐지를 주워 무거운 손수레를 힘없는 노인의 몸으로 끌어야 할지도 모른다. 이왕 한 번 태어난 인생이지 않은가! 할 수 있다고 마음먹으면 기필코 할 수 있다. 하고 싶은 일, 진정 원하는 일이 있다면 시작하는 것이 제일 빨리 성공으로 가는 길이다.

어릴 적 초등학교 시절에 항상 우등생이었고, 웅변 실력도 뛰어나서 학교에서 인기가 많은 선망의 대상이었다. 그러나 가난한 가정형편으로 학업을 이어가지 못했다. 고향에서 농사일만 하시던 부모님은 고향의 재산을 정리하여 경험도 없이 도시로 나온 후 온갖 고생을 다 하시며, 결국 사기꾼 꼬임에 집을 사서 돈만 잃고 집은 흔적 없이 사라지고 말았다. 그 후 온 가족은 혹독한 가난 속에서 살아야만 했다. 그런 환경에서 공부 잘하는 딸아이의 뒷받침을 못 해주시는 아버지는 중학교에 가지 못하는 내가 걱정스러워 가정 방문을 오신 선생님께 아무런 말씀을 하시지 못했다. 안쓰러움이 가득한 눈으로 내 머리를 쓰다듬고 계셨다. 아마도 그날의 아버지는 가슴으로 울고 계셨을 것이다.

깨끗이 잡초를 제거해 훤해진 아버지의 묘를 어루만지며 "언제든 다시 또 찾아올게요. 하늘나라에서만이라도 아픈 곳 없이 행복하시고 편안히 계세요. 아버지 영원히 사랑해요."라고 인사말을 남기고 산을 내려왔다. 아버지를 만나고 오는 길이라서 그런지 연로하신 어머니는 피곤한 기색도 보이지 않고 행복해하셨다. 오는 길에 중국집에서 짜장면, 짬뽕, 탕수육을 시켜서 아주 맛있게 먹었다. 일을 하고 나서 배가 고파서인지 더없이 값지고 맛있는 음식이었다. 큰 숙제를 풀고 난 것처럼 마음이 가벼워졌다. 찾아뵙지 못한 못난 딸이라서 죄송했던 마음이 조금은 편안해진 것 같았다. 그날 저녁에는 유명한 식당에서 가족 전체가 누룽지 닭백숙과 고급 요리로 만찬을 즐기며 행복을 나누었다. 정말 오랜만에 포근한 정과 진실한 사랑을 느꼈다.

소리 없이 전해오는 따뜻한 사랑이 얼마나 간절했던가? 일찍이 부모 곁을 떠나 의지할 사람 하나 없는 타지에서 온갖 풍파를 다 겪으며 살아보겠다고 얼마나 많은 세월을 악착같이 살았던가? 약해 보이지 않으려고 혼자서 삭이고 소리 죽여 울고 나만이 아는 시련의 아픔을 꾹꾹 가슴에 눌러 담은 채 강한 척하며 끝까지 버티고 살아왔다. 고충을 나눌 사람 없이 오직 내면의 자신과 대화를 나누며 위안을 받고 눈물로 씻어냈다. 그런 세월이 나 자신을 성장시켰고 성공으로 이끌었다. 이제는 살았던 삶을 뒤돌아보며 잘못된 것은 고치고 앞으로 나아가기 위한 정리 정돈을 하려고 한다. 진정 내가 해야 할 일이 무엇인지 의미 있는 일을 찾아서 앞으로 사는 날 동안 뜻있게 보내야 한다는 생각을 한다. 주어지는 시간을 헛되이 보내지 않기 위해 선한 일을 찾아서 선하게 살아가고자 한다.

나는 지금 두 번째 책을 쓰고 있다. 다른 사람보다 특별하게 살아온 삶이 아니다. 누구라도 겪을 수 있는 일들을 겪으며 평범하게 살아왔다. 살아온 경험에서 얻은 지혜와 진리를 있는 그대로 진솔하게 옮겨 본다. 이 글을 읽는 독자분들에게 조금이라도 희망과 위안이 되길 바라는 마음을 담았다. 또한 책을 통해 얻는 수익금을 어두운 곳에 있는 분들에게 조금이라도 전하기 위해 최선을 다할 것이다. 이루고자 하는 소망이 있어 더없이 행복한 마음이다. 가난한 환경 속에서 꿈을 펼치지 못하는 사람들, 치료비가 없어 치료받지 못하고 병마의 고통을 겪고 있는 사람들, 돌봐드릴 사람이 없어 힘드신 할아버지 할머니 등 일일이 다 열거할 수 없을 만큼 불우한 이웃은 수없이 많다.

도움의 손길을 바라는 이웃에게 진실한 마음으로 봉사하는 사람이 되고자 한다. 베푸는 기쁨이 더없이 크고 소중하다는 것을 알기 때문이다. 빈 몸으로 이 세상에 태어나 얼마나 많은 것을 얻었는가? 영혼의 세계로 돌아갈 때 무엇 하나도 가지고 갈 수 없는 인생이며 지구에 놀러온 소풍 길이지 않을까? 이제는 부질없는 욕심은 비워야 할 것 같다. 많이 얻은 만큼 없는 사람에게 나눠주며 선을 베풀고 살 것이다. 이렇게 해야 할 일이 너무도 많다.

04

내일의 성공은 오늘의 준비다

영적 지도자 웨인 다이어는 세계적인 베스트셀러 작가다. 가장 뛰어

난 자기 계발 전문가다. 생생하게 상상하는 만큼 이루어진다는 확신

과 믿음을 준다. 생각을 현실로 바꾸는 마음의 힘, 최상위 자아로 넘

어가야 한다며 빠르게 부자가 되는 것을 도와준다.

나는 무일푼에 무스펙으로 가진 것이라고는 건강한 육신과 정신이

전부였다. 50년이 넘는 세월 동안 정말 많은 것을 얻으며 이 자리에까

지 왔다. 사회 경험이 부족한 탓으로 타지에서 많은 빚을 져 오랜 세월 동안 빚을 갚으며 하루도 손에서 일을 놓아본 적 없었다. 다니던 회사가 폐업을 해 일자리를 잃었을 때는 꾸려나갈 생활 걱정에 불안감이 다가와 일자리를 얻기 전까지는 일상생활도 제대로 할 수 없었다. 그러다가 일자리를 찾고 일에 전부를 다 건 사람처럼 일을 하며 월급을 받으면 빚을 갚는 금액과 매달 들어가는 적금을 넣고 얼마 남지 않은 돈으로 다섯 식구의 생활비를 했다. 이런 반복적인 생활로 빚을 다 갚을 수 있었고, 내 이름으로 된 번듯한 집, 자동차 등 많은 것을 얻게 되었다. 하루의 절반을 넘는 시간을 일하느라 제대로 보살펴주지 못한 삼형제 아이들도 건강하고 올바르게 잘 자라주어 그동안에 겪었던 고생한 날들을 보상해주고 있다.

그러던 어느 날 힘들고 버거운 일만 하다가 세월을 보내서는 안 되겠다며 나 자신을 위해 살아야겠다는 생각을 하게 되었다. 여태껏 가족과 가정을 돌보느라 나 자신은 일꾼으로 살아왔을 뿐이었다. '훗날 아무것도 이루어놓은 것 없이 가족을 위해 인생을 다 바쳤다고 한들 어느 누가 내 인생을 보상해주겠는가?' 이렇게 나의 미래에 대해 고민하기 시작했다. 더 이상 세월을 늦춘다면 나의 갈 길을 찾지 못할 것 같았다. 더구나 코로나19의 여파로 직장생활을 계속 이어갈 수도 없는 현실이었다. 나는 고민하던 중 '한책협'의 문을 두드렸고, 대표이신 유명한 김도사님을 만나 '1일 책 쓰기 특강'에서 책 쓰기 과정을 등록하게 되었다.

세계 최고의 책 쓰기 코치님이신 김도사님의 '책 쓰기 과정' 등록비는 내가 예상했던 금액보다 고가였다. 세계 최고의 책 쓰기 코치님이라 김도사님의 몸값은 최고 수준이었다. 하지만 나는 망설일 여유가 없었다. 이 기회를 놓치면 다시 기회를 얻지 못할 것 같았다. 자식들한테 들어가는 돈은 얼마든 아깝지 않았는데 나를 위해 쓴다고 생각하니 과연 옳은 일을 하는 건지 의구심도 들었지만 오랜 세월 고생만 하고 살아온 내게 소형 자가용 한 대를 선물한다는 생각으로 예비 작가의 대열에 오르기로 결심을 한 것이다.

부산에서 새벽 첫차를 타고 성남시 분당에 있는 '한책협'에 가는 경험 또한 내게는 처음이었다. 한 번도 혼자서 먼 거리를 가본 적이 없었다. 오후 늦게 강의가 끝나면 돌아오는 버스 안에서 많은 생각에 휩싸였다. 과연 내가 결정한 일이 잘한 일일까? 책장을 넘기며 책을 읽어본 것이 언제인지 어렴풋한 기억으로 남아 있는데 언제부터인지 책을 쓸 거라는 생각이 나를 지배하고 있었다.

김도사님의 말씀대로 나는 나를 위해 온전히 고가의 돈과 3개월 정도의 시간을 투자하기로 결심했다. 이 시간 동안 열정을 다하여 책을 쓸 것이고, 이 계기로 인해 나는 다른 사람으로 태어날 것이라는, 이제부터 제2의 인생을 시작할 것이라는 마음의 각오를 하며 작가의 길을 가기로 결심했다. 그날 이후로 책을 읽기 시작했다. 하루에 한 권이나 두 권씩 읽었다. 책을 읽다가 불현듯 글이 쓰고 싶으면 생각나는 대로 쓰기도 했고, 그렇게 책 쓰기에 집중한 지 4주가 채 안 되어서 원고를 다 쓸 수 있었다. 나에게 나도 몰랐던 엄청난 열정이 있다는 것을 알게 되었다. 무슨 일이든 시작을 하면 단시간에 집중하여 일을 마무리하는 강한 내성이 내 안에 있었다. 책을 쓴다고 시작했던 것이 엊그제 같이 느껴지는데 지금 나는 벌써 두 번째 책을 쓰고 있다.

삶을 풍요롭게 만드는 긍정의 아침 확언

잠에서 깨자마자 소망하는 것을 구체적으로 상상하라. 상상 속에서 소망이 성취되었을 때의 느낌과 감정을 가져보라. 나는 매일 조금씩 모든 면에서 나아지고 있다고 선언하라. 이미 상상 안에서 내 책은 베스트셀러가 되어 있었다. 말대로 이루어진다. 정성스럽게 말하라. 긍정적이고 적극적인 언어로 인생 역전이 가능하다.

예전의 나는 하루라도 일을 안 하면 금방이라도 무너질 것 같은 다급한 마음으로 일을 해야 사는 것 같았다. 단 일주일 정도 일을 안 하는 공백기가 있을 때는 하루 종일 일거리를 찾아다녔다. 일에 완전히 중독된 사람이었다. 이랬던 내가 편안한 마음으로 여유를 가지고 생활하며 책을 쓰게 된 지가 불과 3개월이 채 되지 않는다. 빠른 시일 안에 20년 가까이 일을 해온 일 중독자에서 벗어나 새로운 삶에 도전하고 있는 것이다. 나도 모르는 잠재의식 속에서 바랐던 일들, 내가 하고 싶은 일을 하게 된 것이 빠르게 나를 변화시킨 것이다.

'꿈을 꾸면 이루어진다.' '상상했던 그대로 현실이 된다.' '내가 원하는 것은 말한 대로 이루어진다.' 하나도 틀린 말이 아니다. 지금 나의 현실은 상상했던 대로 이루어진 것이다. 동기 부여를 받고 책 쓰기를 시작하였을 때 새로운 인생을 살 것이며, 남은 미래에 책을 써서 유명한 베스트셀러 작가로 계속 집필 활동을 할 것이라는 계획이 그대로 이루어지고 있다. 책으로 얻은 이익금 또한 선한 일에 쓸 것이라는 다짐도 실행에 옮기기 위해 준비 중이다.

소명을 이루는 것을 실행하며 참다운 삶을 살아가는 선한 사람이 될 것이다. 며칠 뒤에 있을 강연에서도 나의 뜻을 전하려 한다. 소중한 삶을 살아가는 것이 기쁘고 행복하다. 강의 내용도 따로 적지 않는다. 말 한마디 못 할 것 같지만 강단에 올라서면 하나님이 역사하셔서 이끌어주신다. 하나님은 당신의 딸을 부끄럽지 않게 당당하게 세워주신다. 하나님이 입술을 열어주시는 대로 전하기만 하면 된다. 나처럼 많은 시련 속에서 고난을 겪고 살아오신 분들, 인생의 방향을 잡지 못해 좌절하고 계신 분들, 소외되어 사람들과의 소통이 어려우신 분들에게 도움이 될 수 있길 바라며 그들이 용기를 내 밝은 미래를 향해 나아가는 데 힘이 되기를 바란다.

어느 누구에게나 시련과 고난은 온다. 그럼에도 미래의 자신의 길을 스스로 준비하고 성장시켜야 한다. 힘들어서 주저앉아도 어느 누구도 일으켜 세워주지 않는다. 모든 것은 자신에게 달려 있다. 시간은 곧 금이다. 헛되이 보내면 금을 잃고 사는 인생이 된다. 누구에게나 똑같이 주어지는 시간을 내 것으로 만들어 알차게 보낸다면 점점 성장해가는 자신의 길을 만들어갈 것이다. 하루를 미루고 또 하루를 미루면 나태함이 도래해서 추락하게 된다. 지금 바로 나태함을 벗어버리고 미래에 펼쳐질 성공을 위해 준비해야 한다. 내 삶은 내 것이며 성공을 쟁취하기 위해 오늘 단단히 준비해야 한다.

골프 선수 신지애가 있다. 지금 그녀는 '골프 천재'로 불리며 부와 명예를 가졌지만 불과 몇 년 전만 해도 사람들로부터 골프 선수로서 완벽한 신체조건을 갖추고 있던 한 선수에 비해 신체적 조건이 적합하지 않다는 이야기를 수없이 들었다. 사실 그 선수와 신지애의 신체적 조건은 너무나 차이가 났다. 그 선수는 키가 183cm인데 비해, 신지애는 고작 156cm의 단신이었기 때문이다. 그래서 그녀는 자신의 몸을 골프에 적합하도록 바꾸기로 마음먹었다.

그녀는 매일 학교 운동장 20번 돌기와 20층 아파트 7번 오르내리기를 통해 강철 체력을 만들었다. 그리고 드라이버 100번 스윙, 폐타이어 400번 두드리기와 하루 퍼팅 7시간 연습으로 정확성과 정교함을 요구하는 골프 기술을 익혔다. 이런 지독한 노력 끝에 그녀는 세계 골프 지존의 위치에 우뚝 설 수 있었다.

젊을 때 사서 고생해서 눈부신 미래로 가는 초석을 다져야 한다. 자신의 분야에서 최고가 되기 위해서는 지독히 노력하는 수밖에 없다. 지독한 노력을 기울이려면 장기적인 시간을 확보해야 한다. 무엇보다 지금 미래를 위해 가치 있는 일을 하고 있다는 생각이 자부심과 긍지를 가지게 한다. 이는 나아가 더 큰일을 할 수 있다는 자신감과 자존감이 된다.

유튜브 〈김도사TV〉에는 이런 말이 나온다.

"지금 여러분이 부단히 준비하지 않는다면 비참한 인생 노후를 맞게 될 것입니다. 우리는 지금부터 인생을 잘 챙겨서 후회 없는 미래를 만들어가야 합니다. 우리는 스스로 바라는 삶을 살기 위해서 이 3차원 세계인 지구별에 왔습니다. 지구별은 우리가 생각하는, 상상하는 것들을 전부 다 창조물로 만들 수 있는 멋진 놀이 공간입니다. 사람들에게 인정받고 나를 드러내는 길은 책을 써서 작가가 되는 길, 내가 성공하고 부자가 되려면 한 분야에서 성공을 해야 된다는 것입니다. 꿈이란 것은 우리가 이 땅에 살면서 품고 있어야 할 소중한 것, 꿈이 없는 사람들은 하루하루가 영혼 없는 삶, 그런 삶을 살아가는 사람들과

똑같습니다. 좀비와 다를 바 없다고 생각합니다. 비참한 인생, 비참한

노후를 맞지 않으려면 내일의 성공을 위해 오늘의 준비를 하는 삶을

살아야 합니다."

05

영혼은 많은 것을 불러온다

내가 꾸는 꿈을 이미 이루는 나의 모습을 상상하고 확신과 믿음을 가져야 한다. 이것이 바로 네빌 고다드가 말하는 실현하고자 하는 이상과 상상력을 결합함으로써 우리의 운명을 스스로 결정하는 방법이다. 영혼은 나의 의식에서 소리 없는 말로 지시를 해준다. 그때의 직감을 느꼈을 때 느낌대로 따라가야 한다. 그러나 무시하고 내 생각대로 움직이면 영혼이 주는 가르침을 자신도 깨닫지 못하고 놓쳐버리게 된다. 시간이 지나고 어떤 문제들이 내 앞에 왔을 때서야 의식에서 느껐던 직감을 놓쳤다고 깨닫게 된다. 꿈으로도 잠재의식을 통해 일어날 일들을 예측해 보여준다. 꿈에서 같이 일하던 지인에게 사고가 나서 일을 하러 못 나온다는 계시를 받은 적이 있다. 잠에서 깨어나서 너무나 선명했던 꿈속의 일을 누구에게도 말하지 못하고 있었다. 출근하고 시간이 한참 흐른 뒤에 꿈속에서 알려줬던 지인의 사고 소식이 현실이 되어 일하러 나오지 못한다고 연락이 왔다. 나는 순간 멘붕 상태가 되었다.

나는 종종 어떤 중요한 일이 있을 때면 사전에 꿈에서 그 일에 대한 승패를 전해 받는다. 지금 살고 있는 집이 오래전 예언을 하시는 은사님이 예언으로 명시해주신 집이다. 하나님의 제자인 은사님을 통해 받은 집을 하나님이 찾아주셨고, 예언이 현실화되도록 영감을 통해 내 집이 되도록 이끌어주셨다. 부동산 소장님을 만나러 가기 전날 영화배우 김지미 씨가 활짝 웃으며 반갑게 나를 안아주시는 꿈을 꿨다. 그리고 남편에게 부동산 소장님을 만나러 가면서 꿈 이야기를 전해줬다. 남편은 좋은 일이 있으려고 그런 꿈을 꾼 것 같다고 했다. 부동산 사무실 문을 열고 들어서자 내 눈앞에 꿈속에서 본 모습의 영화배우 김지미 씨가 살이 찐 모습으로 나를 반겨주고 있었다. 나는 순간 놀라서 입이 벌어진 채로 "어젯밤 꿈에서 뵈었어요. 정말 놀랍네요."라고 말했다. 소장님은 "맞아요, 살찐 김지미지요." 하며 웃으셨다. 보는 사람들마다 그렇게 말한다고 하시며 좋은 인연이 되려고 꿈에서 보여줬나 보다고 하셨다. 살이 좀 찌신 영화배우 김지미 씨와 쌍둥이처럼 닮으신 소장님이셨다. 부동산업에서 특출하신 소장님을 만난 덕분으로 순조롭게 내 집이 되었다. 지금도 꿈속에서 본 모습이 생생하다.

나의 힘으로, 나로 인해 사는 것 같지만 나를 움직이고 살아가게 하는 것은 영혼의 가르침이다. 영혼의 가르침을 내 육신의 에너지로 지혜롭게 움직이며 살아가는 것이다. 하나님은 절대로 거짓말을 안 하신다. 예언하시는 은사님이 하셨던 예언은 한 가지도 틀린 것이 없었다. 빚쟁이가 되어 아침마다 찾아오는 대부업자를 피하기 위해 교회를 피난처로 삼아 살고 있을 때에 큰 집을 살 것이고 장사를 할 것이며 임신 7개월째였던 막내아들이 든 배를 만지며 딸을 원하지만 화목을 이루는 아들이라 하셨다. 큰아들에게는 해외로 비행기를 타고 수시로 다닐 거라고 하셨고 둘째 아들은 큰 부자가 될 거라고 하셨다.

그로부터 7년이 흘렀을 때 정말로 큰 집을 얻었고 생각하지도 못한 노래방 영업도 하게 되었다. 임신 중이었는데 은사님 말씀대로 아들이었다. 또 큰아들은 잘 성장하여 무역업에 종사하는 일을 하다 보니 수시로 비행기를 타고 해외를 다녀온다. 작은아들도 아직 젊은 나이임에도 많은 재산을 이루고 있다. 내 인생 재테크를 멋지게 연출해 성공하여 멋지고 선한 일을 하며 살 것이다. 나는 참 행복한 사람이다. 세상의 것은 이미 다 내 것이다. 내가 상상하고 원하는 모든 것은 이미 내 것이 되었다. 오늘 이 순간에 내 인생의 프로그램에 맞추어 살아가고 있는 것이다.

나의 인생 재테크는 이제부터 시작됐다. 어느 날 우연히 가슴속에 간직되어 있던 꿈이 펼쳐지는 시간이 주어졌다. 망설임 없이 아무런 준비도 되지 않은 채 책을 읽기 시작했다. 그리고 책으로 인해 내 꿈은 되살아나기 시작했다. 책을 읽고 책을 쓰며 제2의 인생 재테크를 설계해가게 되었다. 한순간에 많은 것을 얻으려 하지는 않는다. 나는 그저 하루하루 조금씩 앞을 향해 나아가보고자 하는 것이다. 처음부터 성공이 다가오리라는 생각은 과욕일 뿐이라고 생각한다.

이 세상에서 우리의 참모습이 무엇인지 진취적으로 행동에 옮겨야 한다. 현실에 만족한 삶을 살고 싶다면 자신의 벽을 넘어서고 시간을 내 것으로 만들어가야 한다. 가능성을 현실로 바꾸는 곳이 바로 그 너머의 세상이기 때문이다. 지금의 현실은 내가 생각해오던 과거의 생각과 똑같다. 이는 다시 말해 지금의 생각이 미래의 현실이 된다는 것이다. 미래의 세계로 나아갈 때 다가올 미래는 현실에서 이루어지고 있는 것이다. 심장이 시키는 대로 살 때 미래의 인생을 설계할 수 있으며 인생을 진정으로 바꾸고 싶다면 미래의 세계로 발을 들여놓아야 한다. 그렇게 하지 않으면 변하는 것은 아무것도 없다. 영원한 현재 속에 모든 가능성이 존재하고 우리 몸은 사람과 대상, 장소, 시간과 연결된다. 이 생각의 왕국에 들어가려면 생각이 되는 길밖에 없다.

사람은 생각이 변하지 않는 한 살아가야 할 인생이 절대 변하지 않는다. 이제 와서 지난날을 돌이켜보면 내 인생은 이미 정해져 있었다. 미래의 삶으로 가기 위해 나는 오늘을 최선을 다하여 살아가야 한다. 오늘의 삶이 곧 미래의 삶의 밑바탕을 단단히 구축하게 되는 것이다. 내 영혼은 모든 것을 불러올 수 있는 강력한 에너지를 갖추고 있다. 그 영혼의 에너지를 얼마나 효율적으로 사용하느냐에 따라 나의 인생 재테크는 성공에 발돋움할 것이다.

시련의 연속으로 살아가는 것이 가장 힘들 때 새벽기도를 드렸다.

하루라도 빨리 고난 속에서 벗어나고 싶었고 마음을 안정시키기 위해서 습관처럼 하나님과 대화를 한다. 기도에 집중하며 마음을 정화시키면 하나님은 환영으로 나에게 응답을 해주신다. 그리고 시간이 흐르고 하나님과의 대화를 이어가면 어느 날 힘든 문제들이 해결되는 일이 축복으로 다가왔다. 정말 힘들어서 허우적거릴 때는 하나님은 직접 음성으로 나를 다독여주시고 희망을 주시며 일으켜 세워주셨다. 그 당시에는 크나큰 은혜를 받아서 감사할 뿐이었다.

세월이 흐른 후에야 시련의 삶 속에서 건져 올리시고 온전한 행복의 삶으로 변화시켜주신 것을 알 수 있었다. 바라고 바라던 넓고 좋은 집이 내 집이 되어 행복한 생활을 하게 되었다. 당시 시아버님은 돌아가신 후라서 우리 집에 와보시지 못하셨다. 대신 천국에 계신 아버님은 아들 집을 꿈속에서 찾아오셨다. 환하게 웃으시며 집안을 둘러보시고 당신의 아들이 자는 모습을 쳐다보신다. 꿈속에서도 반가워 인사를 드리자 아버님은 당신의 아들이 잠에서 깰까 봐 입술에 손가락을 대시고 "쉿 조용히 하거라." 하고 말씀하셨다. 육신을 떠나 영혼의 세계에서도 지켜보고 계신다는 것을 확신할 수 있었다.

시아버님은 당신의 형님보다 먼저 세상을 떠나셨다. 아버님의 형님이신 백부님은 아버님이 돌아가신 뒤에도 여러 해가 지나도록 정정하시고 건강한 몸으로 농사일을 하고 계셨다. 그러던 어느 날 꿈속에서 고향 집 언덕으로 백부님 손을 잡으시고 웃으며 내게 손을 흔들어주고 걸어가는 꿈을 꿨다. 그런 꿈을 꾼 지 며칠이 지나자 백부님이 갑자기 돌아가셨다는 연락을 받게 되었다. 이런 일이 현실이 된 것이 놀라우면서도 한편으론 두려움을 느낀다. 또 어떤 암시를 보게 될까? 무슨 일이 생기지는 않을까? 불안감이 들 때도 있다. 좋지 않은 생각들을 떨쳐버리기 위해서 스스로 긍정의 힘을 일깨우고 하나님과 묵언의 대화를 나눈다. '감사합니다. 사랑합니다. 모든 것을 축복해주셔서 항상 감사합니다.' 쉬지 않고 기도하는 삶을 살아간다.

빅토르 위고는 이렇게 말했다.

"용감한 사람도 소중한 꿈을 잃어버리면 나락으로 떨어져 공허함에 휩싸일 것이다. 인생은 여행과 같고, 꿈은 여행 지도와 같다. 지도를 잃어버리면 가던 걸음을 멈출 수밖에 없는 것처럼 인생에 목표가 없으면 열정도 메말라버린다."

내가 머물고 있는 의식 상태의 차이가 내 삶의 환경과 모습을 다르게 만든다. 의식 상태의 높고 낮음에 따라 그 사람의 인생, 삶, 환경 등이 확연히 달라진다. 의식 상태가 높은 사람들은 본인이 원하고 꿈꾸는 인생을 살고 충만한 경험을 하면서 성장한다. 의식 상태의 수준이 내 삶의 환경과 모습을 만든다.

첫 번째 책을 쓰기 전 많은 고민을 하면서 작가의 길을 과연 내가 갈 수 있을까에 대해 의구심이 들어 결정을 내리지 못하는데 하나님은 꿈으로 확신의 모습을 보여주셨다. 예쁜 옷을 입고 강단에 서서 많은 관중들에게 박수갈채를 받고 있었다. 그리고 단정한 모습의 나이 든 내가 책상에 앉아 노트북 모니터에 글을 한가득 채워놓고 책상 위에는 내 이름으로 된 책이 수북이 쌓여 있는 것을 보고 흐뭇해하고 있었다. 이 꿈을 통해 나는 남은 미래의 시간을 재테크한다는 마음으로 멋지게 연출해볼 것이다. 즉 영혼으로 길을 만들어놓으신 것을 확인시켜주셨던 것이다. 하나님의 특별한 사랑을 축복으로 주시고 언제나 많은 것을 심어주시고 깨달음을 주신다. 깨달음을 인식하고 가치 있는 삶의 방향으로 꾸준히 행동과 실천에 옮겨 나아갈 것이다. 미래의 내 꿈은 영혼의 생각대로 많은 것을 불러올 것이다.

06

$\times$

시작은 나에게 있다

$\times$

상상이 현실을 창조한다. 하나님이 가진 것이 우리에게도 있다.
상상이 현실을 창조한다. 이것이 전부인 것이다.

무한 능력을 부여받은 몸으로 무엇이든 창조해낼 수 있다는 자신감
을 가져야 한다. 할 수 있고 한다는 생각이 우선이다. 생각에서 머무
르지 말고 실행해 나갈 때가 곧 시작인 것이다. 나 자신도 책을 쓰고
싶은 꿈을 꿈으로만 간직하고 있었다면, 지금 이 순간 이 글도 쓰고 있

지 못했을 것이다. 책을 써서 성공하겠다는 나 자신의 믿음으로 밀고 나갔다. 왜? 성공을 하려면 책을 쓰는 일이 최선의 선택이었다. 나이 들어서까지 힘든 노동 일을 할 수는 없었기 때문이지만 더 이상 늦지 않았을 때 스스로 원하는 일을 해보고 싶었고 나다운 길을 가고 싶었기 때문이다.

책이라는 것을 읽을 줄만 알았지 쓸 것이라는 것은 꿈으로만 지니고 있었다. 책을 쓰게 된 계기로 인해 책을 쓴다는 마음을 가지게 되자 내가 상상하는 미래의 내 모습은 많은 책을 쓴 유명한 베스트셀러 작가가 되어 있었다. 무슨 일이든 마음먹기에 달려 있다는 말이 현실로 다가온 것이다. 책을 쓰는 동안에는 꼭 필요한 일상생활 외에는 하지 않았고 밥 먹는 시간, 잠을 자야 하는 시간 감각도 잊어버린 듯이 집중하며 써나갈 수 있었다.

서로 친분이 돈독했던 지인이나 친구는 연락이 뜸했던 내가 책을 쓰고 책이 출간되자 놀라움을 금치 못했다. 알다가도 모를 사람이라며 놀라운 재주꾼이라고 특별한 사람으로 대접을 해주었다. 첫 책이 출간되고 책을 통한 활동으로 지인이나 친구들과의 만남이 줄어들자 예

전과는 다른 작가로의 신분 상승으로 거리감을 느껴서인지 대화를 나
누어도 멀어지는 것 같은 느낌을 받게 된다.

내 책을 읽은 독자분께서 상담을 요청하셨다. 40대 중반인 여자분
은 젊으셨을 때는 교회에서 성가대에 참여도 하고 독실한 믿음으로 살
아오시다가 바쁜 생활 여건으로 믿음에서 멀어진 상태로 여러 가지 병
이 생기며 심신이 나약해졌고, 아무 희망이 없이 낙오자와 같은 생활
을 하고 있다며 도움을 요청하셨다. 내 책 속의 하나님으로부터 받은
큰 축복을 적은 글을 읽고 감동과 위로를 받으셨다며 직접 만나면 꽉
막힌 가슴이 트일 것 같다고 하셨다. 그 말씀을 전해듣고 나도 모르게
가슴이 먹먹하며 아파왔다. 이 일이 있기 이틀 전 꿈속에서 어디선가
만난 것 같은 젊은 여인이 아주 슬픈 표정으로 내 손을 잡고 십자가가
그려진 그림 앞에서 울고 있는 모습을 봤다. 하나님이 아파하는 영혼
을 달래주라고 그 모습을 보여주신 것이었다.

내가 가는 길은 하나님이 원하셔서 가는 길이란 것을 깨닫고 빛이
되라고 주신 소명을 꼭 이루겠노라고 다짐을 한다. 사람마다 보이는
모습은 평범해 보이지만 내면에는 병들어가는 영혼의 삶을 살고 있

는 것을 알게 되었다. 가족 구성원으로 속해 있으면서도 서로의 아픔을 드러내지 않고 각자의 이기적인 삶을 영위해나가는 반복적인 현실을 살아가고 있다. 겉으로는 가족이지만 내면은 남이 되어 가족이라는 테두리에 합류되어 마지못해 살아가는 사람들이 수없이 많다는 것을 깨닫게 되었다. 가족에게까지 말 못 하는 아픔을 지닌 채 자신 스스로 병을 키워가고 있는 것이다.

상담을 통해 아픈 사연들을 들으면서 서로 눈물 속에서 말을 주고받았다. 딱히 어떤 말을 해줄 수가 없었다. 이제부터 다시 새로운 삶을 산다고 생각하시고 내면의 부정적인 아픔을 벗어나서 모든 것을 긍정의 마인드를 가지고 받아들이며 감사하고 사랑하고 축복을 받은 특별한 사람으로 새로운 인생을 시작하자고 다짐을 해주었다.

한참을 울면서 말을 주고받는 시간이 지나자 깊은 한숨을 내쉬시며 이제는 살 것 같다고 하신다. 목 언저리까지 있던 사슬에서 풀려난 것 같다고 큰 위로와 살아야 할 목적이 생겼다며 활짝 핀 웃음으로 감사하고 많은 은혜를 받았다고 기뻐하셨다. 오히려 나 스스로 좋지 않았던 내면의 나쁜 감정이 사라져버린 치유를 얻게 되었다. 이렇듯이 어느 누구에게나 아픔은 가슴에 새겨져 있다. 대수롭지 않았던 작은 아픔은 받아들이기에 따라서 행복의 씨앗이 될 수도 있고 병으로까지 이어지는 악의 씨앗이 될 수도 있는 것이다. 내면에서 나오는 부정의 말들을 무시하고 긍정의 말들로 나 자신을 위로하고 사랑하며 감사한 생활을 한다면 병들어가는 육신도 스스로 치유될 수 있다. 건강한 의식으로 자신감 있는 삶을 살아간다면 점점 나아지는 삶을 살아갈 수 있을 것이다.

예전에 내 삶의 방식과 태도는 돈을 벌지 않으면 안 된다는 생각으로 일하며 돈을 좇아갔다. 그랬던 내가 책을 쓰기 시작하면서 삶의 방식과 태도가 바뀌게 되었다. 돈을 좇는 마음의 사슬에서 풀려나게 되었고 일을 해서 돈을 벌지 않아도 살 수 있다는 마음의 여유를 찾게 되었다. 책으로 인해 욕심을 내려놨고 무거웠던 마음의 짐을 벗을 수 있었다. 온전한 나를 찾고 내가 하고 싶은 일을 하면서 내면의 치유를 받게 된 것이다. 모든 것은 나 자신에게 달려 있다. 자신을 위해서 자신이 원하는 삶을 살아가는 것이 최고로 행복한 삶이라고 생각한다. 어느 누구도 도와주지 않는다. 스스로 목표를 정하고 슬기롭게 실행에 옮겨가는 일은 나로부터 시작하고 성공을 이루는 일인 것이다.

틈틈이 가까이에 있는 금정산에 오르기 위해 등산을 한다. 신을 오르면서 보이는 자연 속의 풍경들로 마음의 풍요를 담는다. 산속의 흐르는 계곡물에 발을 담그고 있으면 모든 시름에서 벗어난 듯이 행복하다. 주위에 지저귀는 새소리, 흐르는 계곡 물소리, 스쳐 지나가는 바람이 주는 자연의 향기로움, 이름 모를 꽃들이 반겨주는 산은 고요함으로 값지게 얻는 마음의 지식을 한가득 채워준다. 매번 산을 오를 때마다 산은 새로운 옷들을 입고 새로운 말들로 나를 반겨준다. 맑은 정신과 정화된 마음을 새롭게 얻게 된다. 자연 속에 안겨 있으면 몸의 일체가 하나 됨을 느낀다. 아름다운 풍경을 바라볼 수 있는 눈이 있어 감사하고 산을 오를 수 있는 건강한 몸이 있어 감사하며 맑고 건강한 정신력을 갖고 있음에 한없는 감사를 드린다. 글을 쓰다 공허함을 느낄 때면 찾는 산은 나의 마음을 쓰다듬으며 달래준다. 나태함에서 벗어날 수 있는 새로운 시작점을 찾고 풍요로움을 얻는 산행길이다.

모든 삶은 나로부터 시작된다. 예전의 삶으로 돌아가지 않기 위해서는 스스로 발전해 나가는 삶을 살아야 한다. 매일매일 조금씩 나아가는 삶을 살다 보면 어느 순간 목적지에 도달한 승리의 표적을 이룰 것이다. 내가 독수리 타법으로 시작해 아직까지도 느린 속도로 글을 옮기지만 할 수 있다는 마음을 갖고 임하다 보니 멋지게 키보드를 치고 있다. '나는 할 수 없어, 나이가 많아서 나에겐 무리야!' 하는 부정적인 생각을 밀어내고 할 수 있다는 자신감으로 시작해야 한다. 학력이나 나이는 아무 상관이 없다. 내면의 의식을 높이고 내가 원하는 모든 것을 이미 이루었다는 결말의 관점을 가지고 시작할 때 성공은 현실에 와닿아 있을 것이다.

코로나19의 여파로 인한 인생 재테크는 생각의 전환이 변형되어 축복으로 다가온 새로운 삶을 살아가는 원동력이다. 생각하는 자와 그의 생각은 하나라고 한다. 생각하는 자는 그의 생각보다 위대하다. 우리의 육신은 그냥 육신이 아니다. 강력한 에너지를 가지고 있는 영혼이 살아 움직인다. 그 영혼이 육신에게 가야 할 방향을 제대로 이끌어주지 않으면 나는 그 어디도 갈 수 없고 그 누구도 다가오지 않는다. 우리의 영혼은 우리에게 계속 영감을 주고 은밀하게 대화를 나누고자 한다. 우리는 어떤 느낌을 통해서 영혼의 이야기를 들을 수가 있다. 영혼이 시키는 대로 할 때 우리는 후회 없는 삶을 살 수 있는 것이다. '나는 세상에 빛이다, 나는 부유하다, 나는 건강하다, 나는 자유롭다.' 와 같은 것들은 하나의 마음속 현상이다. 그리고 세상에 빛을 보여주는 마음의 거울을 가지고 있다. 평소에 어떤 것을 생각하고 어떤 선택을 하느냐에 따라 인생은 달라진다. 인생은 우리가 빈번하게 떠올리고 생각하는 모든 현상이 현실로 드러나는 드라마라는 것이다. 모든 현실은 영혼으로 비롯되어 생겨난다. 내가 생각하는 상상력이 믿음으로 이루어낸 결과가 현실에 나타난 것이다. 인생을 어떻게 살아갈 것인가는 나 스스로에게 달려 있다. 가장 중요한 것은 '시작이 자신에게 있다'는 것이다.

07

의식이 활동하면 상상이 생겨난다

생각하는 삶이 아닌 사는 대로의 삶을 추구해가는 사람들이 더 많다. 의식 속에서 살아 있는 생각이 아닌 살아가던 방식 그대로의 삶을 지속해나가는 경향으로 과거에나 지금이나 다가올 미래에도 변함이 없는 현실에 안주하며 살아가고 있는 것이라는 생각이 든다. 좀 더 나은 삶을 사는 사람들은 항상 생각하고 상상했던 삶의 방향으로 성공한 삶을 살아가고 있다. 생각하고 상상하는 삶을 계획하고 행동하며 노력을 통해 축적하지만 진실은 노력하지 않아도 저절로 드러난다. 우리가 생각하는 것이 좋다거나 나쁘다는 것은 생각의 차이일 뿐이다. 각자의 생각은 전혀 다를 수 있다. 성과를 얻는 생각의 차이점과 노력의 대가일 뿐이다. 남을 이기는 것은 만족을 가져오지만 자신을 이기는 것은 기쁨을 가져온다. 어떤 일이 일어나려면 동기 부여가 요구된다. 동기 부여는 의미에서 나온다. 펜은 칼보다 강한데, 그것은 힘이 마음에서 비롯되기 때문이다. 힘의 부여는 의미에서 온다. 우리에게 가장 큰 의미를 갖는 것은 물질세계가 아닌 영적 세계에서 온다. 가장 하고 싶은 일을 하되, 자신이 가진 능력의 최선을 다해서 해야 한다.

나는 살아가고 싶은 길을 가기 위해 정신적으로 많은 노력을 해야 했다. 몸으로 부딪치며 일을 할 때는 육체의 피곤함으로 몰려왔지만 정신적인 노력을 해야 하는 작가의 길은 상상력의 창조물을 펼쳐내야 하기에 정신력이 필요했다. 생각만 하고 있었던 작가의 꿈을 펼쳐내기란 쉬운 일이 아니었다. 육체적인 일만 해왔던 나는 의식 수준을 높이고 상상력을 키워나가야 했다. 무엇보다 집중력이 필요한 고난도의 자신을 만들어가야 했다. 힘들다는 투정의 말들이 마음속에서 고개를 내밀 때마다 저 멀리 밀어내며 이제는 예전의 내가 아니라고 스스로 다짐하며 끊임없이 나 자신과의 투쟁을 해야 했다. 그러다 어느 땐 모든 것을 포기하고 그냥 사는 대로 사는 현실에 안주하고 싶을 때는 미래의 성공한 내 모습을 바라보고 다시는 과거의 삶으로 돌아가지 않기 위해 두 번 다시 무너져서는 안 된다는 생각으로 최선을 다했다.

책을 쓰기 전 하나님의 은혜를 많이 받고 살아온 터라 하나님과의 인연이 되는 글을 써야겠다는 생각을 하고 있었다. 힘든 일과 생활을 반복하며 지냈던 삶에서 딱히 책의 주제가 떠오르지 않았다. '책 쓰기 과정' 중 김도사님은 '하나님 이제 남 눈치 보지 않고 나답게 살겠습니다'라는 주제를 선물해주셨다. 나는 순간 내 마음을 들키기라도 한 듯 뜨끔했다. 내게 꼭 알맞은 책의 주제였던 것이다. 생각하고 상상했던 일이 현실로 이루어진 것이다. 이렇듯이 내가 생각하고 하고자 하는 일은 이미 계획되어 있었다. 다만 멈추지 않고 실행해나가는 일은 온전히 나에게 달려 있는 것이다.

책을 쓰고 하나님께 받은 축복의 내용을 여러 기관 단체에 전하며 강연을 다니는 일도 예정된 나의 길이었다. 의식 속에서 상상했던 일이었던 것이다. 지금 이 순간 이 글을 쓰는 일도 앞으로의 집필 활동도 모두 의식 속에서 만들어진 상상으로 이루어진 결과물이다. 모든 일은 생각 속에서 이루어진다. 꿈을 꾸면 이루어지고 상상하면 현실이된다. 요즘 사람들의 최대 관심사 중 하나는 부자가 되는 것이다. 꿈은 꾸물거리는 사람에겐 절대 응답하지 않는다. 하기 싫은 일을 미루다 보면 정작 하고 싶은 일도 놓치게 된다. 꾸물거리기만 하다가 허송세월을 보내버린다. 꿈은 '언젠가'라는 단어에는 절대 대답하지 않는다. 오직 용감하게 뛰어드는 사람에게만 대답을 해준다.

교황 바오로 6세가 말했듯 '우리는 태어나는 순간부터 죽어가고 있는 존재'다. 원하는 게 무엇이든 지금 당장 해야 한다. 미국의 유명한 방송인 오프라 윈프리는 "질문할 용기를 가지고 있다면 성공할 것이다."라고 말했다. 원하는 것을 얻기 위해서는 때론 자신이 생각하는 한계를 넘어 대범하게 질문을 해야 한다. 『부자의 언어』의 저자 존 소포릭은 언젠가 부동산이 19만 달러로 경매가 나오자 절반보다도 더 낮은 가격인 7만 5천 달러에 살 수 있는지 물었다. 현실적으로는 불가능할 것 같았고 처음에는 응답조차 받지 못했다. 그런데 시간이 지나자 그 제안을 수락했다. 대범하게 질문하기 전까지는 아무도 그렇게 낮은 가격으로 그 집을 살 수 있을 거라고 생각하지 못했다. 살면서 중요한 발전에는 대범한 질문이 따른다고 한다. 인생을 변화시키는 유일한 큰 진보의 도약은 대범한 질문에서 이루어질 때가 많다고 한다.

김도사님의『기적수업』에는 이렇게 나와 있다.

"내가 상상하면 꿈이 현실이 된다."

시간과 노력을 집중할 때 원하는 것이 현실에 나타난다. 당신이 지구별에 온 이유는 당신이 누구이고 무엇인지를 깨닫고 증명하기 위해서라는 것을 기억해야 한다. 기적은 항상 우리 곁에 있다. 어떻게 하면 기적을 끌어들일 수 있을까?

1. 나에게 주어진 유일한 과업은 위대한 생각의 힘으로 꿈꾸었던 인생을 사는 것이다.
2. 지금 나에 대한 생각과 느낌을 바꾸기 시작하라. 당신을 중심으로 주위 환경이 달라지기 시작한다. 운을 만들기 위해서는 항상 좋은 감정, 행복한 감정을 유지하라. (중략)

모든 사람은 스스로 만들어낸 삶을 살아간다. 그렇다면 위대한 생각이란 어떤 생각을 해야 한다는 것일까? 우선 당장 자신이 하고 싶은 일을 시작해야 한다고 말한다. 그리고 그 일에서 성공을 이루기까지 최선을 다하여 밀고 나가야 하는 것이다. 내가 책을 쓴 동기는 내 인생 2막의 재테크 때문이었다. 책을 쓰기 전부터 상상했던 꿈이 현실이 되었던 것이다. 시작하니 갈 수 있는 길이 보였다. 나의 의식 속에서 상상이 피어올랐고 상상했던 꿈이 현실로 이루어져 내 앞에 다가와 있었다. 사랑만 하고 살아도 짧은 인생이다. 미워하고 살아야 할 시간이 아까워 미워하지 않는다.

믿는 것이 보는 것이다. 빈번하게 생각하는 것이 나에게 온다. 상상을 통해 내가 가졌다면 내 것이 된다. 상상 안에서의 것은 내 것이다. 성공해서 부유하게 산다. 영혼의 옷을 입은 육신, 영혼이 말하는 의식, 상상력, 생각, 마음 상상하는 대로 이루어진다. 믿음과 동시에 행동으로 옮길 때 믿음은 실현된다.

지난날을 돌아볼 때 모든 것은 의식 속에서 생각하고 상상하며 마음먹은 대로 믿고 움직였고 말하는 대로 이루어졌다. 내 안에 있는 믿음과 하나임을 깨달았다. 우리의 의식이 무엇을 생각하고 상상하는지에 따라 이루어진다. 우리의 의식이 활동하면 상상이 생겨난다. 우리의 의식은 우주와 연결되어 있기 때문이다.

내가 경험한 모든 것이 내 믿음의 결과물이라는 사실, 내가 이 거미줄 같은 환경의 중심이라는 사실, 그리고 내가 변하면 외부 세계도 변한다는 사실, 이것을 안다는 것은 참으로 다행스러운 일이다. 긍정적인 상상은 모두의 삶을 윤택한 방향으로 이끌어준다. 의식 수준을 높이고 생각하며 상상할 때 상상했던 모든 것은 자신의 삶에 반영이 된다. 현재 삶의 모습도 과거의 자신이 생각하고 상상 속에 있었던 삶의 모습들로 다가온다. 사람은 누구나 자신이 원하는 풍요로운 삶을 살기 위해 의식을 높이며 생각하고 상상하는 삶을 살아갈 수 있는 것이다.

김승호 CEO가 특강에서 한 말이다.

"생각의 씨앗은 우리의 생각을 종이에 적었을 때 물리적 실체로 나타내는 것이다. 어떻게 물을 주고 햇빛을 주고 영양분을 줄지 지속적으로 생각하는 것이다. 지속적으로 생각하면 자라난다. 그 생각이 자라나서 나중에 열매를 맺는 것이다."

예수님도 "믿음이 전부다. 너의 믿음대로 될지어다."라고 말했다. 하나님은 내가 원하는 것을 원하신다. 하나님은 내 안에 있고, 나와 하나님은 하나다. 하나님과 동행을 하기 때문에 나는 무조건 성공할 수밖에 없다. 네빌 고다드는 잠들기 직전, 잠에서 깬 직후 본인이 원하는 것을 생생하게 상상하라고 말한다. 미각, 촉각, 후각, 청각, 시각의 5가지 감각이 나를 지배한다. 오감이 작동하지 않을 때 6번째 감각인 상상을 통해서 우주와 나는 채널 링이 맞아떨어진다. 내가 원하는 것을 끌어오게 된다. 이것이 우주의 법칙이다.

마음에는 일정한 법칙이 있다고 한다. 그리고 마음이 움직이면서 우리의 삶이 변화된다고까지 말한다. 심지어는 마음에 모든 해답이 결정되어 있다고 말한다. 보이는 것은 보이지 않는 것으로부터 나온다는 믿음, 즉 현재 의식은 잠재의식으로부터 나온다는 믿음이 있기 때문이라고 한다. 앞으로 남은 삶의 재테크도 의식이 활동하면 상상이 생겨난다는 확신의 믿음이다.

08

인생에 완성품이 있을까?

이 세상은 나의 바람대로 이루어지고 자신이 믿는 것은 전부 현실이 된다.

하루를 시작하며 주어진 오늘에 최선을 다하여 살고자 노력한다. 누구나 공존된 시간 속에서 값진 시간을 갖고 미래의 성공한 나의 실체를 맞이하기 위해 나아가는 오늘을 살아야 한다. 나 스스로 노력하지 않으면 발전 또한 주어지지 않는다. 지금 내 인생의 완성품을 만들기 위해 한 걸음씩 옮겨놓는 것이다. 내 인생은 내 것이며 나로 인해 만들어진다. 현실에 안주해버리면 빈껍데기의 인생으로 남을 것이다. 육신의 옷을 입고 한 번 태어난 인생이다. 사는 대로 살다 가기엔 인생의 의미가 없지 않은가. 생각대로 하고자 하는 일에 전념할 때 좀 더 나은 인생의 완성품을 이룰 수 있는 것이다. 예전엔 사는 대로 열심히 사는 것이 최선인 줄 알았다. 어느 순간 열심히 살아왔는데 나에게 남은 것은 온몸에 고생한 흔적으로 아픔만 남아 있었다. 아픈 상처는 치료하면 낫는다. 그러나 고생했던 흔적은 보상받지 못한다. 빈껍데기의 인생으로 남을 수만은 없었다.

몸으로만 부대끼며 살아온 내가 나를 찾기 위해 책을 쓰는 일은 또 다른 자신과의 싸움이었다. 이대로 사는 대로 살다가 갈 것인지 아니면 내 이름 석 자를 남기고 갈 것인지에 대해 의문을 가졌다. 결론은 책을 써야 한다는 것으로 결정을 내렸다. 훗날 자식들한테 너희를 위해 고생만 했다고 푸념하는 엄마가 되지 않기 위해 나 자신이 원하는 길을 선택한 것이다. 그 누구도 나 대신 내 인생을 살아주지 않는다. 나 하기에 달려 있다. 후회 없는 인생이 되지 않기 위해 최선을 다해 오늘을 살며 내일의 인생을 준비한다.

이웃에 살고 계시는 87세의 할머니는 나이가 많이 드셨음에도 고운 외모를 갖추고 계셨다. 그런데 한 달 전쯤 계단에서 미끄러져 다리를 다쳐서 깁스를 하고 있었다. 날씨가 더워서 일찍 깁스를 제거해버리는 바람에 완치가 덜 된 채 집에서 가까운 한의원에 치료를 받으러 갔다가 그곳에서 만났다. 우리 집과 가까이 계셔서 오는 길에 집까지 모셔다 드리게 되었다. 혼자 계셨던 할머니는 외로우셨는지 나의 발길을 잡고 이야기를 들어주길 바라셨다. 어머니 생각도 나고 조금이라도 외로움을 달래드리기 위해 이야기를 들어드렸다. 4남매를 두신 할머니는 75세까지 음식 장사를 해오시다가 몸이 아파서 장사를 그만두시고 손자손녀를 돌봐주셨고 그마저도 힘에 겨워 못 돌봐주시고 지금은 혼자 계시며 병원에 매일 출근하다시피 다니신다고 하셨다. 나이 들면 돈도 있어야 되지만 건강한 몸이 제일 큰 복이라고 하시며 건강해야 한다고 하신다.

　할아버지를 40대 때 잃으시고 많은 고생을 하시며 자식들 뒷바라지를 해오셨다고 하신다. 내가 할머니께 저도 힘든 일만 하다가 지금은 책을 쓴다고 하니 할머니는 귀한 사람을 만났다고 좋아하신다. 고생하시며 자식을 키웠는데 남은 것은 병든 몸뿐이라고, 당신의 살아오신 이야기를 써줄 수 있겠냐고, 써준다면 살아온 이야기를 있는 그대로 자세하게 들려주시겠다고 하셨다. 살아오신 인생이 허망하다고 하시며 몸에 병이 드니 자식들도 거리를 두고 자주 찾아오지도 않는다고 하신다. 이야기를 듣는 내 마음이 아팠다. 얼마나 가슴속에 쌓인 한이 많으셨으면 몇 번 만난 사람에게 가슴에 쌓아놓은 이야기를 풀어놓으실까? 자식을 위해서 자식들이 잘되기만을 바라시며 헌신하신 세월이 병든 몸만 남게 했다고 하시며 내 손을 부여잡고 눈물을 흘리신다.

할머니를 통해 나 자신을 돌아보며 나의 어머니께 잘해드려야겠다는 다짐을 해본다. 노래 가사에 있는 '산다는 건 그런 거지'라는 말이 맞는 걸까? 왜? 우리 엄마 세대의 어머님들은 이렇게 하나같이 고된 인생을 살고 병을 훈장처럼 달고 살아야 하는 건지 가슴이 아파온다. 인생에 완성품을 만들어 즐겁게 노후를 살아야 하건만 누구도 대신할 수 없는 병든 몸으로 보상받지 못하는 삶을 살아가신다.

완성품 인생이란 자신 안에 내재되어 있다. 자신의 만족도에 따라 미완성일 수도 있고 완성품이 될 수도 있을 것이다. 늘 추구하는 삶이 완성품 인생을 이루게 될 것이다. 매일매일 조금씩 나아가는 삶이 모여서 큰 결과물의 완성품을 성취할 것이다. 완성품이란 인생을 살기 위해 우리는 살고 있다. 끝이 보이지 않는 완성품을 이루기 위해 끝없이 도전하고 있는 것이다. 한 가지를 이루면 또 다른 하나를 향해 나아가는 것이 삶의 본질인 것이다.

완성품이란 성공을 말한다. 성공은 작은 믿음에서부터 시작한다. 일단 하고자 하는 신념이 생기면 무한한 힘을 얻을 수 있다. 어떤 신념을 가졌는지에 따라 인생도 바뀔 수 있다. 우리에게 가장 중요한 것은 신념을 품는 일이다. 어떤 일을 간절히 원할 때 마음속에서 신념이 자라는데, 이 신념만 있으면 어떠한 두려움도 극복할 수 있다.

『인생은 지름길이 없다』라는 책에서는 신념은 사람에게 가장 중요한 인성이라고 말한다. 신념은 그만큼 중요하다. 신념은 고난과 좌절을 이겨낼 힘을 만들어주고 인생의 성공과 실패를 결정하는 요인이다.

신념이 없는 사람은 실체가 없는 것과 같다. 잘 살아가는 것 같아도 신념이 없다면 언젠가 무너지게 되어 있다.

신념은 일종의 신앙처럼 우리에게 인생의 의미와 방향을 제시한다.

신념은 화수분처럼 아무리 써도 사라지지 않는다. 또한 신념은 대뇌의 중추신경처럼 우리의 뇌를 통제하고 믿음에 따라 일을 처리한다. 신념은 잠재력을 깨우는 열쇠이자 우리를 성공으로 이끄는 힘이다. 성공에 이르는 첫걸음은 작은 신념을 가지는 것이다.

나 또한 굳은 믿음과 신념으로 전진하는 삶을 살고 있다. 벌거벗은 몸 하나로 태어나 많은 것을 이루었다. 그럼에도 만족하지 못하는 나의 길의 완성을 이루기 위해 오늘을 살아가고 있는 것이다. 아직 내 인생은 미완성 작품이기 때문이다. 해야 할 일도 아직은 많이 남아 있다. 연로하신 시어머님과 나의 어머니 생전에 가보고 싶은 곳으로 모시고 여행을 다녀오는 일이 우선 숙제로 남아 있다.

큰일이 아님에도 실천을 못 하고 있는데 현실을 핑계로 세월을 보내고 있는 것이다. 언제까지 마냥 기다려주시기만 바라는 미련함을 지닌 채 살아가고 있는 것이다. 내가 우선이라는 이기적인 생각이 앞서 있기 때문이다. 시작이 반이라고 나서면 될 것을, 그 길을 나서지 못하고 있는것이다. 어머니의 몸을 빌려 세상 구경을 하면서도 어머니의 소원을 들어드리지 못하고 있는 불효자식인 것이다. 빠른 시일 안에 실행할 것이라고 나 자신에게 주입시킨다.

오늘은 어제도 아니고 내일도 아니다. 오늘은 오늘일 뿐이다. 오늘이 있어 내일이 있지만 내일이 주어지지 않을 수도 있다. 오늘 이 시간은 두 번 다시 돌아오지 않는다. 인생에 가장 중요한 시간은 오늘의 시간이다. 오늘을 잊고 산다면 내일도 잃어버린다. 오늘을 충만하게 살 때 알찬 내일을 만날 수 있을 것이다.

일주일 전 30대 후반의 아가씨가 상담을 요청했다. 시간을 맞추어 이야기를 나누게 되었다. 아가씨는 사람을 만나기 두려워하는 대인기피증을 앓고 있다고 한다. 20대 때 만남을 가졌던 사람에게서 배신을 당한 이후부터 생긴 현상이라고 했다. 사람에 대한 배신감에 상처를 받고 바깥출입과 담을 쌓고 스스로 집안에 고립된 채로 여러 해를 보냈고, 안타까워하시는 부모님의 권유로 교회를 다니며 점차 사람과의 만남이 나아지고 있다고 한다. 정신과 상담도 받아보고 지금까지도 정신과에서 처방해준 약을 먹는다고 했다.

사람에게 받은 순간의 나쁜 감정을 떨쳐버리지 못하고 그 감정 안에 머무르고 있기 때문에 사람과의 만남이 두렵게 느껴졌던 것이다. 두려워하는 마음의 문을 활짝 열고 나와야 살 수 있다. 인생의 완성품은 스스로 만들어가는 자신의 몫이기 때문이다.

사람은 누구나 최고의 향기를 품은 찬란한 꽃이다. 향기를 가진 그대로를 소중히 여겨야 한다. 인격을 무시하고 적대시한다면 상대방에게 큰 상처를 남길 수 있다는 것을 알아야 한다. 누구나 완성된 인격체를 갖추고 있다. 믿음으로 존중하며 상대할 때 서로 신뢰할 수 있는 관계를 이루어갈 것이다.

인생이란 지금이라는 찰나의 연속이다. 나는 내 운명의 주인이다. 인생을 오롯이 자신의 것으로 만들기 위해서는 부단한 노력을 멈추지 말아야 한다. 나는 현재 상담과 강연 활동을 하며 시간을 만들어 책 쓰기에 전념한다. 주어지는 시간을 헛되이 보내지 않기 위해 나 자신을 키워나가고 있다. 어떤 인생을 살 것인지는 나에게 달려 있다. 나 자신을 믿고 상상하는 미래의 성공한 완성품의 모습을 찾기 위해 발걸음을 내딛는다. 완전히 새로운 내 인생의 완성품이 펼쳐질 것이다.

성공한 사람들은 자존감이 높다. 강한 자신감을 가지고 있다. 자신이 무얼 해도 잘할 수 있다는 마음을 가지고 있기 때문이다. 자존감의 크기에 맞게 인생의 크기 또한 결정된다. 자존감을 높이며 인생 재테크를 시작하여 더 나은 내일을 살기 위해 노력할 때 인생의 완성품을 이루는 결실을 맞이할 것이다.

09

오늘의 아픔 또한 지나가리라

내 마음속 내면의 아이는 아픈 기억을 수시로 떠올리게 한다. 언제쯤이면 아픈 기억의 사슬에서 벗어날 수 있는지, 밖으로 꺼내놓고 나면 더 이상 내면의 아이가 떠올리지 않게 되는지, 지울 수 있다면 지우고 싶은 마음에서 옮겨보고자 한다. 집을 떠나 기숙사 생활을 하며 3교대 근무를 하는 직장생활을 했다. 그날은 밤 10시부터 오전 6시까지 야간근무를 할 때였다. 다섯 명이 같이 생활을 하는데 현장에서 출근을 하지 않아 기숙사 사감 선생님께서 방문을 두드리셨다. 다섯 명 모두 늦잠을 자고 있던 터라 현장에서 연락을 받고 사감 선생님이 깨우러 오신 것이었다. 이런 적이 한 번도 없었던 일이라 방 식구들은 놀라서 허둥지둥 서둘러 나갈 준비를 했다. 나는 망설이고 있었다. 출근을 하지 않고 밤 10시에 퇴근해서 나가는 통근차를 타고 집으로 가고 싶은 생각이 내 발걸음을 잡고 있었다. 한참을 어떡해야 할지 생각하고 있는데 같이 근무를 하는 동료가 재촉을 한다. 출근 시간이 이미 늦었는데 꾸물거린다면서 빨리 가야 한다고 손을 잡아 이끈다.

일하러 가기를 망설이면서 며칠 전 집에 갔을 때 작은 오빠에게 여름방학을 하면 옷을 사 입을 돈을 주겠다고 약속을 했던 것이 떠올랐다. 나는 일을 하면서 회사에서 설립한 중고등학교 과정의 공부를 하고 있었다. 오늘이 7월 22일이니 이틀 뒤면 방학을 하니까 그때 가야겠다고 마음먹고 일을 하러 갔다. 그러나 나의 내면에서는 일을 하지 않고 집에 가고 싶었다. 지금까지도 그날 영혼이 시키는 대로 하지 않은 것을 후회하고 있다. 일을 하면서 야식 시간이 되었는데 왠지 모르게 쏟아지는 잠으로 야식도 먹지 않았다. 야식 시간이 0시부터 2시까지인데 이때쯤부터 잠이 오고 눈앞이 보이질 않으며 다리가 풀려서 걸음도 걸을 수 없었다. 실뭉치를 합쳐서 천을 짜는 일이었다. 실이 끊어지면 이어줘야 하는데 눈앞이 보이질 않아 실은 다 끊어지고 현장을 돌던 팀장님이 기계를 세우고 기계 뒤에 머리를 두 손으로 감싸고 쪼그리고 앉아 있는 나에게 다가왔다. 무슨 일이냐는 팀장님의 질문에 눈이 보이지 않고 잠이 몰려오고 다리가 아파서 걷지를 못하겠다고 했다. 그랬더니 늦잠까지 자고 지각 출근을 했는데 무슨 잠이 오냐는 말이냐고 정신을 어디다 두고 일을 하는 것이냐고 난리를 치신다.

정신을 가다듬을 수 없고, 자신도 용납이 되지 않을 만큼 쏟아지는 잠 속에서 비몽사몽으로 시간을 보내고 기숙사로 돌아와 세면장에서 씻고 있는데 야간 일을 하고 퇴근한 언니가 나를 찾아왔다고 한다. 우리 집 가까이에 사는 동네의 언니는 통근차를 타고 출퇴근을 했다. 나는 퇴근한 언니가 무슨 일로 나를 찾아왔는지 불안감이 엄습했다. 언니의 말은 작은 오빠가 아파서 병원에 갔다고 병원으로 오란다는 내용을 전해주러 왔다고 한다.

며칠 전에 멀쩡했던 오빠가 아파서 병원에 갔는데 나를 데려오라고 했다는 말은 극한 상황의 암시를 주고 있었다. 공포감을 가지고 찾아들어간 병원에서 부모님과 큰오빠와 여동생이 통곡을 하고 있었다.

내가 가장 좋아했던 나의 작은 오빠가 밤새 수많은 수면제와 막걸리를 먹고 숨을 거둔 것이었다. 하룻밤 사이에 청천벽력 같은 일이 벌어진 것이다. 나는 차디찬 작은 오빠의 몸을 흔들며 왜 죽어야 했냐고 몸부림치며 숨이 넘어갈 듯이 통곡의 눈물을 흘렸다. 세상에 모든 것이 멈추어버린 것 같았다. 아니라고 이건 분명 꿈일 거라고 반문해봤지만 혹독한 시련의 현실이 눈앞에 다가와 있었다.

의사 선생님께 "어떡해요, 우리 오빠 불쌍해서 어떻게 보내요, 제발 살려만 주세요, 살릴 수 있는 방법 좀 찾아주세요!" 매달리며 애원해도 너무 늦었다고만 하신다. 나도 이대로 같이 죽고 싶은 마음뿐이었다. 작은오빠 뒷바라지를 하기 위해 나의 공부는 뒤로 미루고 일을 했다. 나한테 작은오빠는 희망이고 한편으로는 짐이었다. 그런데 희망도 사라지고 살아야 할 의욕도 남아 있지 않았다. 작은오빠를 잃고 난 후 내 삶의 목적은 없었다.

작은오빠는 인문계 고등학교를 졸업하고 사회에 나갈 진로 문제로 고민을 하던 중 가족들의 기대에 부담감이 커지면서 심각한 스트레스를 받고 결국 다시는 돌아올 수 없는 길을 선택한 것이었다. 가족이 알지 못하는 수많은 가슴앓이를 하면서 어떻게 수면제를 목숨을 끊을 만큼 사서 모았을까? 얼마나 많은 고민과 아픔을 겪었을까? 목숨을 잃어가는 모습을 일깨워주는 영혼의 소리를 감지를 못 하고 무지함으로 흘려버리고 일을 했던 나 자신이 지금까지도 원망스럽다. 내가 살아온 날 중에서 가장 후회하는, 지워지지 않는 아픔의 기억이 됐다. 작은오빠를 잃고 나 또한 오빠의 고통 못지않은 힘든 방황의 길을 헤맸다. 아무것도 하고 싶지 않았다. 직장도, 공부도 손을 놓아버렸다. 오빠의 보이지 않고 맴도는 그림자에서 벗어나고 싶었다. 오빠가 보고 싶어서 견딜 수 없을 만큼 아팠다.

이때는 아픔이 커서 영혼의 소리조차 주의 깊게 듣지를 못했다. 많은 세월이 흐른 뒤에야 나는 영혼의 소리를 들을 수 있는 감각과 영안이 트이게 됐다. 무언가를 느끼는 감각이 다가올 때 좀 더 신중히 생각하고 옳은 판단을 하기 위해 집중한다. 더이상 아픔의 후회를 반복하지 않기 위해 스스로 생각에 생각을 거듭한다. 있어서는 안 되는, 하룻밤 사이에 자식을 잃은 쓰라린 고통이 어려 있는 부모님의 얼굴을 대하기가 너무 가슴이 시려서 떠나야 할 것 같았다. 부산에 계시는 오촌 아저씨의 인맥으로 직장을 찾아 난생처음 부모님 곁을 떠났다. 오빠는 영혼으로 바다를 좋아하는 나를 부산으로 보내줬다. 바다를 보고 위로를 받으며 아파하지 말고 힘을 내서 새로운 길을 가야 한다고 꿈에 그렸던 곳으로 나를 옮겨놓은 것이다.

오빠가 다 살지 못하고 간 지구별에서 오빠의 몫까지 보너스로 잘 살아갈 것이다. 훗날 영혼의 세계에서 오빠를 만나면 잘 살다왔다고 칭찬해줄 것이라고 기대하며 오늘도 어제보다 조금 더 나아가는 삶으로 성공을 향해 가는 진행형의 하루를 보낸다.

이렇게 내 삶의 젊은 날은 형제를 잃은 슬픔으로 막을 내리고 타지에서 살아가기 위한 인생 2막의 삶이 시작되었다. 모든 사람은 현재에 살고 내일을 향해 나아간다. 한 번 지나간 과거는 절대 돌이킬 수 없다. 과거의 상처와 아픔에 빠져 있을 필요는 없다. 과거를 잊지 않고 다른 사람에게 자신의 고통을 계속 이야기한다면 그 고통에서 벗어나지 못할 뿐 아니라 주변 사람들까지 고통스럽게 만들 것이다. 봄에는 꽃이 피고 가을에는 달이 뜬다. 여름에는 시원한 바람이 불고 겨울에는 눈이 내린다. 불필요한 걱정을 하지 않으면 계절마다 즐거운 시간을 보낼 수 있다.

이처럼 잊어버린다는 건 해탈하는 것이다. 또한 마음을 정화하는 것이고, 상처를 치료하는 것이다. 과거의 불필요한 일들을 떨쳐내고 잊어버릴 수 있을 때 새로운 미래, 새로운 인생을 맞이할 수 있다. 시련의 아픔들, 오늘의 아픔 또한 지나갈 것이며 잊을 것이다.

우리나라의 자살률이 10년 전보다 130.2% 증가했다는 통계를 본 적이 있다. 2010년 통계에 따르면 자살률이 OECD 회원국 중 가장 높다. 특히 80대의 자살률은 20대보다 5배 이상이 높아져 노인 자살이 심각한 사회 문제가 되었다. 전직 대통령이 자살을 하고, 전직 대법원장이 한강에 투신하고, 톱스타들의 자살이 자주 신문 지상에 오르내려 사람들을 경악하게 만든다. 자살이 성별과 연령, 지위의 고하를 막론하고 전염병처럼 퍼져나가는 현실을 어떻게 받아들여야 할까.

살다 보면 어려운 일도 있을 것이고, 그중에는 참고 견디다 보면 시간이 해결해주는 일도 있을 것이다. 스스로 목숨을 끊는 사람들이 많아지고 있다는 것은 시간조차 해결할 수 없는 일들이 있기 때문이리라. 결국 자살하는 사람들이 많다는 것은 지금 행복하지 않고, 미래에도 희망을 발견할 수 없는 사람들이 그만큼 많다는 게 아닐까. 결국 삶

과 죽음의 열쇠는 행복과 희망에 달려 있다. 이 모든 아픔과 오늘의 아

픔 또한 지나가리라.

Part 2

미래는 현실에서
시작된다

01

지난날을 돌아보지 말고 현실만 보라

긍정적인 사고, 긍정적인 말을 해야 삶이 나아진다.

자신의 믿음이 자신의 미래를 창조한다.

자신의 대한 믿음으로 걸어가야 한다.

곧이어 장밋빛 인생이 펼쳐질 것이다.

지난 과거의 슬펐던 기억을 떠올려 글을 쓰다 보니 마음이 움츠려

져 마음 전환이 필요했다. 지난날의 시련이 있었으니 오늘의 만족하

는 행복이 주어진 것이다. 나는 충북 청주시에서 학창 시절을 보냈다. 동창생 모임조차도 내게는 먼 거리에 있는 이야기였다. 그랬던 나에게 초등학교 동창생이라며 전화가 왔다. 먼저 출간된 내 책을 읽고 반가움에 연락을 해온 것이다. 놀라웠고 대단하다며 동창이라서 더욱 반갑다고 한다. 근황을 나누며 조만간 동창생 모임에 나와 달라는 초대를 받았다. 내 책을 동창생 모두에게 전하겠다고 한다. 지금도 책을 쓰는 중이라고 하니 멋지다고, 다음 책도 기대된다며 힘찬 응원을 보낸다고 말해준다. 어릴 적 가난한 환경에서 고생했던 흔적들이 책 속의 이야기로 기록되어 나에게 큰 보람의 결실을 맺게 해주고 있다.

책으로 인해 행복을 주는 일들이 비일비재하다. 같이 일을 하면서 지냈던 직장 동료는 소리 소문 없이 책을 썼다고 하며 어떻게 하면 책을 쓸 수 있느냐고 묻는다. 대단한 사람이라고, 작가님이 동료라는 것이 영광이라고 한다. 나는 스스로 칭찬을 한다. 그동안 밤잠도 제대로 이루지 못하면서 고생한 보람이 현실에 행복으로 다가온 것이다. 지난날 아픈 시련의 상처가 지금 나에게 크나큰 보람의 결실을 주듯이 현실에서 나를 창조해나가야 한다. 가장 중요한 것은 지금 와 있는 현실이다.

김도사님은 평범한 사람일수록 책을 쓰라고 말씀하신다. 책을 쓰는 데는 스펙, 배경, 학력, 외모 등 절대 이런 것들이 필요치 않다. 책은 누구나 다 쓸 수 있다. 모든 사람이 가지고 있는 지적 자산들, 지식과 경험과 가지고 있는 어떤 노하우를 책에 담기만 하면 된다. 이러한 것들은 어마어마한 자산이다. 가장 귀한 것은 영혼이다. 모든 사람은 외모와 스펙과 배경 등을 떠나서 사랑받고 인정받고 존중받아야 하는 특별한 존재다. 따라서 사람들이 가지고 있는 지혜, 지식, 경험은 돈으로 살 수 없다.

여러분이 아이들을 교육하거나 양육하면서 미흡했거나 후회되는 점들을 책에 담으면 된다. 책을 쓰고 온라인 마케팅으로 더 많은 사람들에게 나의 가치를 알려라. 온라인 마케팅으로 스스로를 노출시켜야 한다. 개인의 가치를 세상에 널리 알려서 사람들이 나를 찾게 한다. 당신은 그 사람의 구세주가 된다. 세상에 널린 것이 기회이고 돈이다.

모처럼 주말을 맞이하여 남편과 둘째 아들이 낚시를 하러 거제도 바닷가에 왔다. 끝없이 펼쳐진 망망대해, 날개를 활짝 펴고 어디든지 갈 수 있는 갈매기의 정겨운 소리가 우리를 반갑게 맞이해주는 것 같다.

넓고도 넓은 푸른 물결을 보고 있자니 평화로움이 저절로 스며온다. 남편과 아들이 책을 쓰느라 외출도 자제하는 나에게 마음에 양식을 쌓아야 글도 잘 써진다며 가자고 졸라대는 성화에 못 이기는 척 따라나섰다. 얼마 전 다리까지 다치는 바람에 2달이 넘도록 집안에 갇힌 신세였다. 출렁이며 와닿는 파도 소리를 듣고만 있어도 행복하다는 것이 느껴진다.

행복은 멀리 있지 않았다. 조금만 마음을 비우고 욕심을 내려놓아도 곁에 와주는 것이다. 아들은 옆에서 지켜보는 내게 으스대며 자랑이라도 하듯이 멋진 폼으로 낚싯대를 멋지게 바다를 향해 입수시킨다. 시간이 조금 지나자 아들이 먼저 조금 큰 넙치를 낚아 올렸다. 아들은 신이 났고 남편은 아들보다 더 큰 것을 낚을 거라며 큰소리를 쳤다. 아들이 두 번째의 농어를 잡아 올렸다. 남편도 아들에게 질 새라 손맛을 느끼며 낚아 올렸다. 미역치라는 물고기라고 하는데 조금 예쁘면서 가시가 날카로워서 손대기가 겁이 났다. 쏨뱅이, 우럭, 볼락 등 제법 낚시꾼답게 수확이 좋았다.

남편과 아들은 서로 경쟁이라도 하듯이 낚싯대의 움직임에만 몰두하며 나에게 서로 최고의 낚시꾼이라고 자랑하기 바빴다. 조그만 꼬

맹이였던 아들이 어느새 자라서 남편보다 큰 키와 큰 몸으로 아빠를 친구 삼아 낚시를 즐긴다. 그 모습이 너무도 대견하고 잘 자라주어 감사하며 보고만 있어도 저절로 행복했다. 잡은 물고기를 보고 아들은 기뻐하며 의기양양한 모습으로 오늘 낚시는 자기의 승리라고 했다. 남편은 아들의 기를 살려주려는 듯 오늘은 아들이 낚시의 대가라며 칭찬해준다. 아들을 배려해주는 남편의 자식 사랑에 고마웠다. 이른 저녁 때가 되어서 잡은 물고기를 들고 횟집을 찾아갔다. 잡은 물고기를 횟감으로 장만해주는 곳이었다. 직접 잡은 물고기로 장만해준 생선회와 매운탕을 정겨운 모습으로 아주 맛있게 먹으며 최고의 맛이라고 감탄을 아끼지 않았다.

나는 따라나서길 잘했다는 마음이 들었다. 이기적인 생각으로 내 입장 위주로 하려는 일들이 다반사였다. 이렇게 몇 시간 동안만 마음을 맞추어 함께해도 행복한 것을 혼자만의 안위를 생각하고 화합하려는 마음을 갖지 않으려 했던 것이 잘못된 생각이란 것을 깨우치게 했다. 가족과 함께하는 행복이 가장 큰 행복이었다. 매일 주어지는 집안일을 핑계 대고 해야 할 일이 항상 많다고 주장하며 스스로 강박관념에 갇혀 살고 있다. 가족에게 맞추어주기를 바란 것도 아니었다. 나 혼자만의 세계에서 살고자 했던 고립의 형태를 만들었던 것이다. 하루 절반이 넘는 시간 동안 일만 하며 지내오다가 혼자만의 편안한 시간을 갖기를 소망하는 마음에서 비롯된 일이었다. 힘들었던 지난날은 뒤돌아보고 싶지 않다. 어떻게 견디며 살아왔는지 의문이 들 정도다. 하지만 나의 삶이 내게 준 삶의 숙제라고 생각한다. 내 인생을 멋지게 연출해놓기 위한 나를 만드는 과정으로 내 몫의 시련이었다. 그 시련이 있었기에 지금에 내가 있는 것이다.

이미 정해져 있는 멋진 내 인생을 살기 위해 주어진 현실을 알차게 살아가야 한다. 여기서 뒤처진다면 더 이상 따라가야 할 시간이 주어지지 않는다. 내 인생은 내가 개척해가야 한다. 그 누구도 나 대신 내 인생을 새롭게 마련해주지 않는다. 시간은 금이라고 한다. 오늘 이 시간을 내 것으로 만들지 않으면 내일은 갑절의 노력을 해야 한다. 아니 내일은 없을지도 모른다. 아직 가보지 않은 시간이기 때문이다. 오늘 하고자 하는 일은 오늘로 마무리해야 한다. 그리고 내일을 살기 위한 준비를 해놓아야 한다. 알찬 내일을 맞이하기 위한 준비 과정이다. 각자에게 주어진 지금, 현재가 세상에서 제일 중요한 시간이다. 내가 살고 있고 쓸 수 있는 시간이 지금의 현실일 뿐이다. 지금 이 순간이 인생에서 가장 중요한 시간이다. 인생에서 가장 중요한 시간인 현재를 충실히 살지 않고서는 절대 나아지지도, 성공할 수도 없기 때문이다. 자신이 선택한 일에 확신을 가지고 끝까지 최선을 다해야 한다. 한순간 한순간의 최선이 모여 내공이 쌓이게 된다. 그리고 그 내공은 오늘보다 더 나은 내일을 만드는 인생의 주춧돌이 된다. 지금 가장 중요한 일에 전념해야 한다. 성공자들은 현실에서 어떤 일이 가장 중요한지 잘 알고 있다. 누구나 행복한 미래를 맞이하고 싶어 한다. 행복한 미래는 지난날을 돌아보지 않고 현실에서 중요한 일에 시간과 노력을 쏟을 때 펼쳐진다.

최선을 다하는 삶이
성공의 지름길이다

당신의 믿음이 당신의 미래를 창조한다. 우리가 빈번하게 생각하고 떠올리는 것이 세계이자 드라마이다.

사람은 누구나 최선을 다해서 살아가고 있다고 말한다. 그러나 바라보는 목적, 목표가 정해지지 않은 현실에서 하루의 시간을 마무리하는 사람들이 대부분이다. 뚜렷한 목표를 두고 목표를 향해 최선을 다하며 살 때 성공은 앞당겨질 것이다. 책 한 권도 읽어볼 여유조차 없이 늘 시간에 쫓기는 삶을 살아왔다. 어느 한순간 책을 쓴다는 마음가짐을 다잡으며 책과 가장 가까운 친구가 되었다. 책 쓰기에 목적을 두고 책을 읽을 때는 책 속에 전개되는 내용이 중요하지 않았다. 어떻게 글을 써나가야 하는지 나열된 글의 형식을 살펴보게 되었고 서론의 글과 본론, 결론의 내용에 중점을 두고 읽게 되었다. 예전의 책을 읽는 독자에서, 책을 쓰는 작가의 눈으로 보게 된 것이다. 책을 쓴다는 생각이 없었다면 지금까지도 책은 책꽂이를 채우기 위해 존재하는 장식용으로 꽂혀 있을 것이다.

이루고 싶어 하는 꿈과 목표는 사람의 움직임을 변화시킨다. 변화의 움직임을 포기하지 않고 실행해나갈 때 성공을 이루게 될 것이다. 무언가를 간절히 원한다면 목표를 달성했을 때의 기분을 상상함으로써 그것을 끌어당길 수 있다. 그리고 스스로 원하는 바를 이룰 수 있으며 그럴 가치가 있다고 생각하면서 그 일에 집중하면, 실제로 원하는 목표를 달성할 수 있다. 미국의 영화배우 미키 루니는 "성공하기까지는 항상 실패를 거친다."라고 충고했는가 하면, 메리케이 사의 창업자 메리 케이 애시는 "실패하는 것은 곧 성공으로 한 발짝 더 나아가는 것이다."라는 말을 남겼다. 성공이란 열정을 잃지 않고 실패를 거듭할 수 있는 능력이다. 평범했지만 지독한 노력과 끈기로 위대한 성공을 이룩한 마하트마 간디의 말을 기억해보라.

"나는 평균 이하의 능력을 갖고 있는 지극히 평범한 사람일 뿐이다. 만약 누구든지 나만큼 노력하고 기대와 믿음을 기른다면, 내가 이룬 모든 것 또한 틀림없이 이루어낼 것이다."

인생에는 삶의 이유가 있다. 자신이 겪어왔던 삶만큼 공감력이 생긴다. 각자만의 삶의 방식이 있다. 자신을 통해서 답을 찾는 것이 성공의 지름길이다. 미래가 시작되는 순간은 바로 지금이다.

"잘못된 길로 아무리 멀리 갔을지라도 다시 되돌아오면 된다."

―터키 속담

누구나 자신이 되고 싶어 하거나 가지고 싶은 것이 있다. 우리는 그 것을 꿈이라고 부른다. 이런 꿈을 향한 강한 열망을 가진 사람은 하루에도 몇 번씩 꿈을 이룬 자신의 모습을 시각화한다. 그런데 흥미로운 사실은 이런 시각화가 습관화될수록 자신도 모르는 사이에 꿈이 실현되어 있다는 것이다. 석유왕 호라글라는 "성공의 비결은 자신의 계획이 완성된 모습을 얼마나 볼 수 있느냐에 달려 있다."라고 말했다. 꼭 이루고 싶고 되고 싶은 것이 있다면 이미 이룬 모습을 상상할 수 있어야 한다. 즉 자기 암시를 해야 한다는 말이다. 호라글라 역시 많은 시련과 역경이 있었지만 꿈의 힘으로 성공한 사람이다. 그는 석유 사업으로 성공하기 전 많은 악재에 시달렸다.

현실이 힘겨울수록 그는 꿈에 의지했고 생생하게 상상하면 꿈을 이룰 수 있다는 생각으로 상상을 습관화했다. 상상 속에서 그는 억만장자처럼 말하고 행동했다. 그러자 꿈의 힘은 그의 꿈을 돕기 시작했고 마침내 그를 석유왕으로 변화시켰다. 생생하게 꿈꾸면 반드시 실현된다. 생생하게 꿈꾼다는 것은 자신이 무엇을 원하는지 확실히 알고 있다는 뜻이다.

뿐만 아니라 '어떻게 하면 그것을 더 빨리 성취할 수 있을까?'라는 질문을 통해 답을 찾는다. 이때 잠재의식은 우리가 상상하지 못하는 놀라운 힘을 발휘한다. 꿈과 관련된 정보를 끌어당겨 꿈을 실현하기 위한 도구로 삼는다. 따라서 자나 깨나 꿈을 갈망하는 사람은 그렇지 않은 사람에 비해 훨씬 빨리 성공하는 것이다.

'한책협' 김도사님은 이렇게 말한다.

"'생생하게 꿈꾸고 간절히 바라면 이루어진다'고 믿었다. 나는 5년 전부터 이 성공 진리를 철칙같이 믿어왔다. 꿈을 믿고 그 꿈이 반드시 실현된다는 확고한 생각으로 동기 부여가라는 한 길만 걸어왔다. 그러자 정말 그 명언처럼 내가 열망했던 일들이 모두 이루어졌다. 작가가 되었는가 하면 독자로부터 무수한 편지를 받고, 관공서, 기업체와 대학의 강연 요청 및 개인 멘토링 그리고 최근 한국경제TV 프로그램 측으로부터 '멘토에게 듣는다'라는 코너의 생방송에 출연을 해달라는 요청을 받았다. 그래서 나는 강연을 할 때면 사람들에게 자신의 꿈을 확고하게 믿고 최선을 다하라고 조언한다."

한 가지 생각을 선택하라. 그 생각을 당신의 삶으로 만들어라. 그걸 생각하고 꿈꾸고 그에 맞추어 살아가라. 당신의 몸의 모든 부분, 뇌, 근육, 신경을 그 생각으로 가득 채우고 다른 생각은 다 내버려둬라. 이것이 성공하는 방법이다. 다른 사람들이 할 수 있거나 할 일을 생각하지 말고 다른 이들이 할 수 없고 하지 않은 일들을 하라. 심장이 뛰는 것보다 행동을 더 빨리하고 그것에 대해 생각하는 것 대신 무엇인가를 그냥 하라. 지금 현실은 자신이 만든 것이다. 불편하고 고통스러운 상황들을 누가 만들어준 것도 아니다. 내가 결정하고 선택한 것이다. 가난은 불치병이라는 말은 충격적이다.

미국이 낳은 세계적인 성공의 대가, 브라이언 트레이시는 강연에서 목표에 대해 다음과 같이 말했다.

"저는 한국 인천공항에 내려서 여기로 이동했습니다. 여기까지 오는 과정을 여러분에게 말씀드리겠습니다. 먼저 미국 공항에서 비행기를 탔습니다. 비행기가 이륙했을 때 이미 자동항법 시스템에 인천국제공항이 목적지에 입력되어 있었습니다. 기장과 부기장의 역할은 12시간 동안 비행하면서 비행기가 항로를 이탈하면 다시 궤도에 올려놓는 일입니다. 구름 속을 통과하면 아래로 뚝 떨어지기도 하지요. 그럼 기장이 다시 고도를 높입니다. 태풍이나 강풍의 영향으로 비행기가 항로 밖으로 나가게 되면 기장이 다시 정상궤도로 끌어다놓습니다. 이런 과정을 반복하다 보면 마침내 인천공항이 보이기 시작합니다. 그리고 목적지에 착륙합니다. 그런데 만약에 비행기가 이륙하면서 목적지를 입력하지 않는다면 어떻게 될까요? 비행기는 일단 연료를 채우고 이륙합니다. 그리고 기장이 안내 방송합니다. '기장입니다. 오늘도 우리 항공기를 이용해주셔서 감사합니다. 우리 비행기는 목적지가 없습니다. 하늘에 선회하다가 적당히 좋은 곳이 보이면 착륙하겠습니다.' 황당하지 않습니까? 그렇게 목적지 없이 선회하다 연료가 떨어지면 그대로 추락합니다."

우리의 인생도 이와 같다고 말했다. 인생의 목표가 없으면 대부분 이렇게 사는 것이다. 나는 늦은 나이에 인생 목표를 세웠다. 너무 늦었다고 생각하지만 지금이라도 목표가 있으니 인생이 즐겁다. 사는 것도 행복하다. 하지만 목표가 없었던 예전의 삶에서는 이런 행복감이 없었다. 더 늦기 전에 지금 정확한 목표를 세워라. 큰 그림을 그리고 작은 것부터 실천하는 것을 시작하면 된다. 가다가 목표는 수정이 가능하다. 더 좋은 곳이 있으면 방향을 바꾸면 된다. 그러니 목표부터 세우고 움직여라. 그래야 정확하게 도착한다. 목표를 정하지 않으면 좋은 곳도 갔다, 싫은 곳도 갔다가 결국은 원하지 않은 곳에 있게 된다. 많은 성공자들이 한결같이 하는 말이다.

성공하는 데는 다 이유가 있다. 결국 열심히 일만 한다고 성공하는 것은 아니라는 이야기이다. 모든 사람이 원하는 삶을 살기 바란다. 그러기 위해서 식당에 가서 제대로 주문해야 원하는 밥이 나오듯이 부자되고 싶다고 정확히 주문을 해야 한다.

사람은 결코 혼자서 성공할 수가 없다. 최선을 다하는 삶을 살 때 누군가의 도움을 받게 된다. 좋은 생각을 하고 행동을 옮길 때 성공의 지름길이 열릴 것이다.

03

꿈이 있어 행복한 인생을 산다

참기 힘든 굶주림의 고통에서도 꿈을 포기하지 않는다면 꿈도 나를 포기하지 않습니다. 우리가 살아 있는 자체가 기적입니다. 기적은 새로운 창조를 낳습니다. 꿈을 포기할 조금의 어떤 이유도 없습니다. 용기와 끈기만 있으면 무조건 꿈을 이룰 수 있습니다.

부유한 삶, 성공하는 삶을 살기 위해서는 자신이 원하는 것, 바라는 것만 생각해야 한다. 자신이 추구하는 것들만 상상할 때 그러한 것들이 끌려오게 된다. 경제적 자유인이 된 사람들은 매 순간 자신이 꿈꾸는 그러한 삶을 그려왔다. 내가 어떤 생각을 하고 그 생각에 동의를 할 때 그 생각은 현실이 된다. 동의하는 생각만이 현실화된다. 이상이 이루어진 모습들을 굳건하게 믿고 지켜야 된다. 상상력 외에는 자신에게서 꿈을 이룬 성공하는 모습을 빼앗아갈 것은 아무것도 없다.

이상을 생각하지 말고 이상이 실현된 관점에서 생각하라. 이상이 실현되는 것은 오직 결말의 관점에서 생각할 때뿐이다. 100억 부자가 된 모습에서 생각하라. 소망이 이루어진 느낌을 좀 더 자주 환기한다면 자신은 운명의 주인이 된다.

부산의 중견기업인 천호식품의 김영식 회장은 이렇게 말했다.

"생각하면 행동으로 옮기는 자와 생각한 뒤 그 생각을 무덤까지 가져가는 자는 극과 극입니다. 어떤 사람이 이루어낸 결과를 두고 '1년 전에 내가 생각한 것인데, 내가 하려고 했던 것인데'라고 후회하는 사람은 평생 생각으로만 끝납니다. 할까 말까 고민하다 1년이 지나고 2년이 지납니다. 성공하는 사람들은 생각을 행동으로 옮길 때 어떻게 하는지 아십니까? 지금, 당장, 즉시! 합니다. 이렇게 하는 사람은 성공할 가능성이 있습니다."

김영식 회장의 말처럼 성공하는 사람들의 성공 비결은 의외로 간단하다. 생각을 했으면 망설이지 말고 지금 당장, 될 때까지 하라는 것이다. 이보다 더 강력한 성공 비결은 없다. 누구나 성공할 수는 있지만 아무나 성공하지는 못한다. 그것은 올바른 기회를 잡고 절실하게 노력하는 사람만이 성공할 수 있기 때문이다. 스스로 기회를 만들지 못한다면 기회의 신이 눈앞에 나타났을 때 망설이지 말고 즉시 행동해야 한다.

힘든 삶을 살아오면서 가지고 있던 꿈을 생각할 시간의 여유조차 없었다. 어느 순간 많은 세월을 살아온 날들을 뒤돌아보니 나란 존재의 인생에 고생한 흔적만 남아 있었다. 나를 찾고 싶었고 앞으로 남은 인생은 나답게 살고 싶었다. 그러기 위해서는 나 자신의 변화가 필요했다. 꿈을 이루기 위한 목표를 가지고 시간을 내어 나 자신의 개발을 위한 책과 성공자들의 성공 스토리가 담겨 있는 책들을 읽고, 내 꿈인 것처럼 상상하고 이룬 것처럼 행동했다. 내가 힘든 가운데서도 꿈을 향해 매진할 수 있었던 것은 내 꿈은 반드시 실현된다는 확신이 있었기 때문이다. 시련과 좌절의 조건을 두루 갖추고 있는 나에게도 분명 남들보다 잘하는 한 가지는 있을 거라고 믿었다. 지나온 삶 속에서 겪었던 경험과 항상 나와 함께하셨던 하나님의 축복과 은혜를 어려움 속에 있는 독자분들과 나누어서 조금이라도 도움이 되길 바라는 마음으로 책을 쓰게 되었다. 자신의 삶은 자신이 만들어가야 한다.

자신이 가지고 있는 조건에서 나답게 살아갈 수 있는 길을 찾아야 한다. 김도사님을 만난 후 나답게 살아가는 나를 만들어낼 수 있었다. 나는 힘든 시절을 거치며 항상 남의 눈치를 보며 살아왔고 타인의 기준을 만족시키기 위해서 노력하며 나 자신의 삶을 돌아볼 여유조차 없이 살아왔다. 그런데 그런 삶을 벗어나 하나님이 주신 큰 축복인 작가의 길을 부여잡고 나의 꿈을 이루며 그 꿈을 통해 하나님과 함께 전국 강연을 다니고 인생의 방향을 정하지 못한 분들과 힘든 삶으로 좌절하고 계시는 분들에게 하나님의 은혜를 선물해드리고자 행복한 마음으로 책을 써나갈 수 있었다. 꿈이 있어 행복한 인생을 살기 위해 나는 오늘보다 더 나은 내일을 살아갈 것이라는 것을 믿고 확신한다. 힘든 현실보다 더 큰 꿈을 가지면 어떤 어려움도 능히 극복할 수 있다. 현실이라는 장애물보다 꿈의 힘이 더 크기 때문이다.

자신의 소원, 즉 꿈을 가지고 있다면 운명은 그것을 실현해준다. 좀 더 세밀하게 말한다면 꿈을 이루기 위해 꾸준히 노력해야 한다. 이처럼 분투할 때 운명은 꿈을 향해 나아가는 사람을 돕기 시작하고 마침내 꿈은 현실이 된다.

김현근은 『가난하다고 꿈조차 가난할 수 없다』에서 자신의 공부 비결을 소개하고 있다. 그는 학창 시절 자신이 죽기 살기로 공부한 이유를 '꿈과 목표를 이루기 위해서'라고 고백했다. 그는 자주 미국 명문대학에 합격해 많은 후배들 앞에서 자신의 성공 스토리를 힘주어 말하는 자신을 상상했다. 그런 상상은 그에게 꿈을 향해 나아갈 수 있는 용기와 기회를 주었고 마침내 그 꿈은 현실이 되었다. 집이 가난했던 그가 미국 유학의 꿈을 품게 된 데는 계기가 있다.

어느 날 그는 홍정욱의 『7막 7장』이라는 책을 발견하게 된다. 책 표지에서 '하버드 최우수 졸업'이라는 문구를 발견한 그는 왠지 모르는 전율을 느꼈다. 그는 그 책을 가만히 읽어 내려가면서 자신도 홍정욱처럼 할 수 있을 거라는 자신감과 함께 미국 유학이라는 목표가 생겨났다. 그는 홍정욱이 했던 것처럼 죽을힘을 다해 공부했고 마침내 자신의 꿈을 이루었다.

평범한 사람은 평범한 생각밖에 하지 못하고, 비범한 사람은 비범한 생각을 할 줄 안다. 스스로 목표를 세우고 그 일을 실천해서 성공을 이루는 현실을 만들어낸다. 포기하지 않고 꾸준히 노력하고 도전할 때 꿈은 반드시 실현된다. 성공한 사람들은 꾸준한 노력과 포기할 줄 모르는 도전정신의 달인들이다. 꿈을 이루기 위해 가슴속에 뜨거운 열정을 담고 꿈을 향해 나아갈 수 있는 도전정신을 가지고 앞으로 나아간다. 지난날 돈을 벌기 위해 했던 일들은 열 손가락보다 많다. 주로 육체적으로 힘든 일이 대부분이었다. 일하는 사람들 위주로 음식을 하는 함바식당, 고기 뷔페식당, 분식집, 노래방 운영 등을 하다가 그만두고 일을 안 하는 공백기가 일주일 정도가 흐르면 불안한 마음으로 일을 찾아 식당, 마트, 고객서비스 센터, 상담사 등의 일을 하러 다녔다. 20년 가까이 일을 하다 보니 일손을 놓게 되면 금방이라도 못 살 것 같은 불안감이 몰려왔다. 오랫동안 일을 하다 보니 일이 몸에 배어나 스스로를 일 중독자로 만들었던 것이다.

그러던 어느 날 나이가 들어가면서 육체적으로 힘든 일에 거부감을 느끼게 되었다. 몇 날 며칠을 혼자만의 고민을 했다. 남편이나 아이들에게 의논할 고민거리가 아니었다. 내 인생은 나로 인해 결정되기 때문이었다. 코로나19로 인해 위기를 기회로 삼아 그동안 꿈으로만 간직하고 있었던 책을 쓰라고 내면의 아이는 말해주고 있었다.

일을 하면서도 책을 쓰고 있는 내 모습을 상상하고 있었다. 한 달이 넘도록 책을 쓰기 위해 잠자는 시간을 줄이며 책을 읽기 시작했다. 책을 쓴다는 생각에 사로잡혀 3~4시간 잠을 자고 일과 집안일을 병행하면서도 피곤하지 않았다. 가지고 있던 꿈을 이루겠다는 소망이 나를 행복하게 했다. 가족에게도 비밀에 붙이고 나는 책을 쓰기 위해 도전했다. 없는 시간을 만들어 책을 읽고 '한책협'의 책 쓰기 과정 수업을 등록하고 난 이후부터 내 삶에서 최고로 바쁜 하루하루를 보내기 시작했다. 학창 시절에 못 해본 공부를 한꺼번에 몰아서 하기라도 하듯이 고난도의 책 쓰기 공부를 원 없이 했다. 일을 하며 집안 살림과 책 쓰기로 잠을 자고 밥 먹는 시간조차도 아껴야 했다. 그러면서도 책을 쓴다는 꿈이 있어서 행복했다. 그렇게 행복한 마음으로 첫 책을 출간하게 되었다.

04

상상한 것에 믿음을 가진다

우리는 보이지 않지만 믿음에 의지해서 걸어가야 한다. 우리가 과거에 명령했던 것이 지금 현재에 나타나고 있다. 그리고 지금 명령하는 것들이 미래에 나타날 것이다. 우리는 믿음 안에서 명령한다. 왜? 의식이 전부이기 때문이다. 모든 현상의 근원은 나 자신이다. 형이상학자들은 마음의 법칙, 상상력의 힘, 끌어당김의 법칙, 잠재력의 힘, 믿음에 의해서 걷고 있는 사람들이다. 하나님과 나는 하나다. 상상 안에서 무엇을 바라는지 확실히 알고 그것이 이미 내 것이 되었다는 것을 생생하게 느낄 수 있고 믿을 수 있다면 그것은 이미 나의 것이다. 이것이 네빌 고다드가 말하는, 내가 명령하면 현실이 된다는 것이다. 만물을 창조하신 하나님은 존재의 의식이다. 하나님은 우리의 내면에 계신다. 모든 것이 기회이고 가능성의 땅(내면)으로 바뀐다는 것이다. 의심하지 않고 믿음으로 걸어간다면 삶은 단기간에 바뀐다고 말한다. 내면이 바뀌면 외부 세계가 바뀐다.

어디에서도 맛볼 수 없었던 행복감, 충만감, 자유를 네빌 고다드는 선사해주었다. 하나님이 주신 달란트, 소명을 찾아서 이루어가야 한다. 성경 욥기에 보면 이런 말이 있다. "그대가 무언가를 명령하면 그일이 그대에게 이루어질 것이요, 빛은 그대의 길을 밝히리라." 당신의 의식이 바로 하나님이다. 의식 차원에서 생각을 한다면 그것은 이루어지기 시작한다. 의식 활동이 하나님의 활동이기 때문이다. 상상 안에서 목표들이 이루어진 완벽한 상태를 상상한 것에 믿음을 가진다. 내가 상상하는 것들은 무조건 현실이 된다는 단단한 믿음을 가져야 한다. 상상 속에서 내가 원하는 것을 가졌을 때 느끼게 될 감정과 기분을 생생하게 느껴보고 취하게 될 행동을 해본다. 상상 속에서 이루어진 행동은 그것의 모습과 동일하게 곧 외부 세계에 모습을 드러낼 수 있도록 우주 만물에게 명령을 내린다. 세상 모든 것은 그것이 실현되도록 분주하게 움직이기 시작한다. 기적이나 창조는 이런 방식으로 이루어진다는 것이다.

누구나 되고 싶고 하고 싶은 것들이 있다. 나는 꿈과 소망을 이룰 수밖에 없는 이유를 언어와 마음속에서 찾는다. 나는 먼저 말로 꿈을 선포하고, 그것을 이룬 이미지를 생생하게 그린다. 그 느낌과 소리까지 그릴 수 있게 되면 내가 원하는 것이 신기하게도 자석처럼 당겨져 온다. 즉, 이미 이루어진 것처럼 하는 자기 암시인 것이다. 사람의 내면에는 무엇이든지 할 수 있는 가능성과 성공할 수밖에 없는 잠재 능력이 숨어 있다. 지금부터 이미 이루어진 것처럼 시도해보고 매일같이 습관화한다. 그러면 상상한 것이 현실이 되는 신기한 경험을 하게 될 것이다. 나는 자기 암시 예찬론자다. 상상하기를 즐기며 머릿속으로 이루어지는 일들을 잘 그린다. 그러면 마음이 유쾌해지고 긍정적인 마음이 작동한다.

책을 쓰는 일로 시간을 보내다 보니 마트에 생필품을 사러 가는 일도 시간을 내기가 힘들었다. 나는 텔레파시를 남편한테 보냈다. 회사에 다니는 남편이 퇴근하고 오는 길에 마트에 들려 생필품을 사 올 거라고 상상을 하며 상상한 것에 대해 이루어진 모습을 믿고 확신했다. 집으로 돌아온 남편은 두 손 가득 생필품과 아이들 먹거리를 사서 들고 온 것이다. 나는 너무나 놀라웠고 감사해서 내가 보낸 텔레파시가 전해졌다고 했다. 남편은 책 쓰기에 열중하고 있어서 떨어진 생필품이나 먹고 싶은 것을 말하지 못했다고 했다. 부부이기에 서로의 마음이 통하기도 하지만 나는 미안한 마음에 말하지 못하고 가끔 텔레파시를 사용해 원하는 것을 이룬다.

예전에 예언을 하시는 하나님의 제자이신 은사님으로부터 넓고 큰 집을 예언받았다. 예언을 받았을 때의 현실은 많은 빚을 지어 아침마다 찾아오는 대부업자를 피하기 위해 아이들을 데리고 교회를 피난처로 삼아 다닐 때였다. 그렇게 힘들었던 때에 받은 넓고 큰 집을 갖게 될 것이라는 예언 말씀을 흘려버리지 않고 상상 속에서 큰 집의 그림을 그려놓고 그 안에서 살고 있는 모습을 상상하며 믿고 확신했다. 하나님께서 나를 위해 준비해놓으신 넓고 큰 집에 이미 살고 있다고 상상을 했던 것이다. 그 후로 7년이 흘렀을 때 넓고 큰 집을 갖게 되었다. 하나님은 제자를 통해 예언 말씀을 주셨고 하나님의 계획에 맞추어 이루어주셨다. 하나님은 절대적으로 거짓말을 안 하신다. 무엇이든지 간절히 바라고 믿고 기다리면 원하는 것을 이루어주신다.

"무엇이든지 기도하고 구하는 것은 받은 줄로 믿으라. 그리하면 너희에게 그대로 되리라"(마가복음 11:24).

하늘은 의식세계다. 잠재의식 안에서 이루어졌을 때 보이는 외부 현실에 드러난다. 하나님이 만드신 우주의 법칙은 모든 곳에서 작동하고 있다. 나의 미래에 성공한 모습도 이미 하나님은 이루어놓으셨다. 성공한 미래의 내 모습을 상상하며 그 모습을 믿고 성공한 나로 살아간다. 이미 성공은 내 것이 되었고 성공자의 삶을 굳게 다지며 진보해 나가는 삶을 살고 있다. 하나님이 계획해놓으신 멋진 내 인생을 최선을 다하여 살고 나에게 오는 모든 영광을 하나님께 올려드릴 것이다. 내가 가고 있는 지금 이 시간의 삶도 상상 속에서 이루어진 것이다. 상상을 하며 믿고 실행에 옮겼을 때 성공을 성취할 수 있다. 나는 앞으로 더 넓고 좋은 집에서 살 것이고 가족과 함께 가고 싶은 곳으로 여행을 다니며 더 많은 지식과 의식을 고양시켜서 더 좋은 글을 쓸 것이다. 상상했던 것을 믿고 작가의 꿈을 이루었고 그로 인해 강연과 찾아오는 독자분들에게 상담사의 역할도 한다. 나의 미래의 인생 계획표에 어긋나지 않게 매일 조금씩 나아가는 삶을 살아가고 있다.

석유왕 호라글라 역시 "성공의 비결은 자신의 계획이 완성된 모습을 얼마나 그려볼 수 있느냐에 달려 있다."라고 이야기했다. 영화감독 스티븐 스필버그는 무명 시절 영화감독이 되는 꿈을 매일 상상했고, 결국 할리우드의 흥행 감독이 되었다. 이외에도 앤서니 라빈스, 짐 캐리, 콘돌리자 라이스, 버락 오바마 등도 모두 자기 암시를 적용해 최고의 삶을 살고 있다. 이렇듯 많은 성공자들은 자신이 원하는 모습을 생생하게 상상한다. 또한 상상한 것에 믿음과 긍정적인 결과를 상상한다. 반드시 이루어진다는 믿음을 갖고 반복적으로 상상한다.

의식을 통해서 이미 이루어진 것처럼 산다면 성공은 가까이 와 있을 것이다. 실현하고 성취하고자 하는 꿈이 있다면 힘껏 상상하고 간절히 원해야 한다. 그리할 때 우주는 당신을 돕기 위해 분주하게 움직이기 시작한다. 성공하고 싶다면 이미 성공한 것처럼 생생하게 그림을 그려본다. 몸의 감각은 이미 성공자로 세팅될 것이며, 기회 또한 운명처럼 찾아올 것이다. 생각하고 상상했던 미래의 내 모습은 시간이 흐르면 이루어져 있다. 많은 시간이 흐르지 않았어도 나는 벌써 소망했던 꿈이 이루어져 현실로 다가와 있다.

첫 번째 책으로 바쁜 나날을 보내고 있다. 그리고 두 번째의 책을 써나가고 있는 중이다. 시간이 없다고 하면 없는 것이다. 누구에게나 주어지는 공통된 시간을 자신의 시간으로 만들어야 한다. 영화 〈터미네이터〉의 주인공인 아놀드 슈워제네거를 모르는 사람은 없을 것이다. 그는 세계적인 보디빌더로 기네스북에 올랐는가 하면, 케네디가의 여성과 결혼한 뒤 캘리포니아 주지사의 자리에까지 올랐다. 그는 주지사의 자리에서 물러난 지금도 여전히 할리우드 액션 스타로 전 세계인의 사랑을 받고 있다. 슈워제네거는 항상 꿈을 적어 책상머리에 붙여두고 생생하게 상상하며 믿음과 확신을 가지고 끊임없이 노력했다. 그 결과 마침내 자신이 원하는 모든 것을 이룰 수 있었다.

우리는 모두 꿈이 있고, 진정으로 원하는 것, 이루고 싶은 것이 있을 것이다. 늘 자신이 바라는 일들을 머릿속에서 상상하며 상상한 것이 이루어졌다는 믿음을 갖고 확신할 때 그러한 일들이 현실에서 실현될 것이다. 2020년 1월부터 이어져온 코로나19는 여전히 불안감을 몰

고 온다. 외부 활동이 줄어든 사회의 흐름 속에서 코로나19 사태에 인

생 재테크를 시작하며 상상하는 것의 믿음을 가져본다.

05

긍정의 마인드를 가져라

유튜브 〈김도사TV〉에서 이렇게 말한다.

"스스로를 믿고 스스로에게 엄청난 기회를 제공하는 사람이 되어
야 한다. 어떤 계기로 자기계발서를 읽었는데 그 책에는 긍정의 생각
과 말을 함으로써 일이 술술 풀린다고 적혀 있었다. 정말 그럴까 하는
이런 생각으로 생각과 말 습관을 바꾸기 시작했다. 반신반의하였지만
긍정의 습관과 말버릇으로 바꾼 끝에 과거와는 달리 일이 술술 풀리기

시작했다. 그때 나는 생각과 말을 교정함으로써 소망하는 것을 이룰 수 있다는 믿음을 가지게 되었다.

하나님은 언제나 자녀인 우리가 가장 좋은 것들만 받기 원한다. 내가 하는 생각이 무엇이든 진리 안에서 구하는 것을 얻게 된다. 항상 긍정하고 감사하는 습관을 가진 사람이 되어라. 이런 사람이 인생을 해피엔딩으로 살게 된다. 눈에 보이지 않아도 원하는 것이 존재한다고 믿어보라. 그러면 이미 그것이 존재하게 된다. 우주의 법칙을 아는 사람은 자신이 하나님의 자녀로서 무한한 능력을 가지고 있음을 알고 있다. 소망이 이루어지길 바란다면 원하는 결과를 정하고 잠재의식에 새겨보라. 성공하는 인생을 살고 싶다면 당신이 어떤 생각을 하고 말을 하는지를 살펴보라. 우주는 우리가 하는 생각과 말의 에너지를 증폭시키는 장소다. 긍정의 생각이 말을 바꾸고 긍정의 말이 행동을 바꾸고 환경을 창조한다."

자신이 본받고 싶고 인생에서 성공한 사람을 자신만의 확실한 기준으로 선정하여 그 사람의 생각, 삶을 대하는 태도, 외적인 모습에 주의를 기울이고 그것을 참고하여 내면에 멋진 건물이 세워질수록 자신에게서 풍기는 분위기는 달라질 것이며 성공을 강하게 끌어당길 수 있을 것이다. 내면으로부터 '나는 성공한 사람이라는 분위기'가 자연스럽게 풍겨져 나오게 된다. 내면이 바뀌면 자연스럽게 외적인 면도 바뀐다는 사실과 자신이 외적으로 풍기는 분위기, 평판, 복장이 얼마나 큰 힘을 가지고 있는지 알 수 있게 된다. 그리고 가장 중요한 것은 긍정의 마인드를 갖는 것이다.

성공 철학의 대가인 나폴레온 힐은 실직한 후 남은 것이라고는 낡아빠진 양복 3벌뿐이었다. 복장의 중요성을 알고 있었던 그는 단돈 1달러도 없었지만 양복점에서 가장 비싼 양복 3벌을 맞추었다. 그뿐만 아니라 고급 셔츠, 넥타이, 양말과 속옷까지 전부 구입했다. 가격은 총 675달러였다. 외상으로 구입하면서도 그는 부자가 된 기분으로 태연히 청구서에 사인을 한 후에 집으로 돌아갔다. 다음 날 주문한 양복을 받은 그는 코트 주머니에 실크 손수건을 잘 정돈해서 꽂고, 바지 주머니에는 반지를 저당 잡혀 빌린 돈 50달러를 집어넣었다. 그리고 록펠러처럼 부자가 된 기분으로 시카고 미시간 대로를 거닐었다. 그는 매일 정확히 같은 시간에 미시간 대로를 거닐었다. 이때 알게 된 부유한 한 출판인은 그를 아는 체하며 말을 걸었다. 복장이 만들어낸 가공의 분위기가 그의 호기심을 자극했고, 그와의 인연으로 자신의 책을 출판함으로써 675달러는 갚고도 남을 엄청난 부를 거머쥘 수 있었다.

그는 실의에 빠진 얼굴에 절망 가득한 눈을 하고 구겨진 옷을 입고 매일 거리를 나섰다면 결코 그런 일이 일어나지 않았을 것이라고 했다. 부유함이 흐르는 외모는 예외 없이 어디를 가든 늘 주목 받게 되어 있다는 것이 그의 주장이다. 더구나 부티나는 얼굴은 사람들로부터 호감을 얻는 중요한 요소라고 말한다. 그 이유로 모든 사람의 마음을 지배하는 욕망은 부자가 되는 것이기 때문이라고 설명한다.

사람들이 자신의 내적인 면을 제대로 알아봐주지 않는다고 한숨만 쉬지 말고 자신이 생각하는 습관, 말하는 목소리, 입고 있는 복장, 소소한 행동 등 모두 긍정의 마인드를 갖고 자신의 야심에 맞도록 바꿔야 한다. 자신에게 붙인 가격표로 세상은 당신을 평가한다는 사실을 기억해야 한다.

한때 양곱창을 파는 식당에서 일을 할 때의 일이다. 양곱창을 손질하고 양념 소스를 만들어 준비하는 과정을 2년 가까이 배우게 되었다. 어느 날 양곱창을 먹으러 2~3번 왔던 손님이 나를 찾는다는 말을 전해 듣고 손님이 계신 자리로 가서 마주 앉았다. 손님의 말씀은 대구에서 양곱창을 파는 식당을 해보려고 하는데 양곱창 요리에 대해서 아는 것이 부족해서 나에게 전수받기를 원한다고 했다. 나는 손님이 많은 시간대이기도 하고 사장님 모르게 비밀리에 해야 할 일인 것 같아서 일을 마치고 전화로 이야기를 나누도록 하고 손님 자리를 벗어났다. 그 이후 전화상으로 손님과 대화를 나누었다.

대구는 양곱창과 막창구이가 사람들에게 유명한 먹거리로 전해지고 있다. 손님은 대구에서 다른 업종의 음식점을 하다가 실패를 하고 양곱창을 파는 식당을 해보려고 하는 중이었다. 나는 손님에게 나의 양곱창 요리는 정해진 레시피대로 조리할 뿐이고 다른 비법이나 비결은 없는데 괜찮겠느냐고 했다. 손님은 양곱창 식당을 하기 위해 여러 곳을 다니며 먹어본 결과 내가 조리한 양곱창이 그중에서 제일 맛이 좋았다고 하시며 전수해주기를 바랐다.

나는 부담스러운 생각도 들었다. 새로운 음식 장사를 하려는 분들에게 별거 아닌 조리법으로 누를 끼치는 것은 아닌지 걱정도 했지만 손님은 내가 하는 조리법의 그대로만 전수해주면 충분하다며 나의 조리법을 원했다. 나는 긍정적으로 받아들이고 내가 아는 조리법을 최선을 다해 가르쳐주고 값어치 있고 맛있는 양곱창으로 장사가 잘되길 바라는 마음을 가지고 시간을 내어 찾아가기로 했다. 그리고 찾아가기 전에 조리법을 가르쳐주기 위해 노트에 그동안 조리했던 레시피를 꼼꼼하게 한 가지도 빠짐없이 적었다. 손님에게도 양곱창은 물론이고 소스에 필요한 재료 준비도 해놓으라고 부탁을 했다. 그렇게 해서 찾아간 날 손님은 시외버스터미널에 자가용을 가지고 마중을 나와 계셨다.

곧 새로 개업할 식당에 도착하여 간단히 인사도 나누며 차를 마시고 준비해놓으신 재료를 가지고 노트에 적은 레시피를 펼쳐놓고 손님과 나와 똑같은 그릇에 레시피대로 조리를 하기 시작했다. 양곱창 재료 손질부터 양곱창에 입히는 양념과 소스를 만들어 덧입히는 방법, 대창, 소창, 손질법, 재료 보관하는 방법, 찍어 먹는 소스 만드는 방법, 불 위에 굽는 방법 등을 전수해주고 완성된 양곱창구이와 대창, 소창구이를 여러 분과 나누어 먹으며 맛의 품평을 했다. 똑같은 재료와 똑같은 조리법대로 똑같이 했음에도 각자의 음식 맛이 다르게 느껴졌다. 손님은 내 손이 마법의 손이라며 혹시 아무도 모르게 맛이 나는 재료를 추가시킨 것 아니냐고 농담을 하셨다. 그리고 하루라는 시간 안에 전수받기에는 부족하다고 하시며 손님의 손맛이 날 때까지 도와달라고 하신다. 나는 이왕 시작했으니 시간을 내어 성업을 이루도록 최선을 다해 도와드리겠다고 했다.

돌아오는 길에 시외버스 터미널까지 태워다주시며 적은 사례비라며 봉투를 건네주셨다. 어려운 걸음을 해주어서 고맙다며 예쁜 찹쌀떡 한 상자도 안겨주셨다. 망설임과 힘든 발걸음이었지만 나의 도움으로 장사를 해보려는 손님의 간절한 마음을 읽고 거절할 수가 없었다. 내가 가지고 있는 재능이 가치 있게 쓰일 수 있다는 데 용기를 내었고 긍정의 마인드를 가지고 있는 그대로의 진솔함으로 대했던 것이다. 그 이후에도 바쁜 일정 속에서 시간을 만들어 틈이 나는 대로 찾아가 도와드렸다. 처음으로 찾아가서 조리법을 전수해주던 그때의 마음 그대로 도와드렸다.

그 일이 벌써 15년이 흘렀다. 그때의 인연 맺은 것이 지금까지 이어지고 있다. 멀리 있는 친자매보다 더 가깝게 지내고 있다. 손님은 대구에서 유명한 양곱창의 맛집, 식당으로 성업 중이다. 그때의 조리법을 전수해준 일이 계기가 되어 지금까지도 입소문으로 전해져 여러 곳에서 가끔씩 여러 가지 요리 조리법을 전수해달라는 요청이 들어오고 있다. 손님은 부산에 사는 나에게 대구로 와서 함께 살자고 한다. 이렇게 떨어져 있기 싫을 만큼 좋은 인연을 맺은 것이다. 서로 성공하여 잘살기 바라는 마음을 가지고 확실한 믿음으로 대했던 결과로 얻게 된 소중한 인연이다.

06

책을 써서 인생이 바뀌었다

코로나19의 여파를 기회로 삼아 나의 첫 책이 출판된 후 나의 어머니는 내 책을 품에 안으시고 손으로 어루만지시며 눈물을 흘리셨다. 이런 책을 쓸 정도로 똑똑한 딸을 공부를 많이 못 시켜줘서 미안하다시며 책을 쓴 딸이 대견하고 기특해서 기쁨의 눈물을 흘리신 것이다. 나는 어머니께 공부를 많이 못 해서 책 쓰기로 공부를 대신했다고 했다. 나의 책으로 인해 어머니는 바빠지셨다. 동네의 경로당에 가실 때에도 내 책을 여러 권 들고 가서서 자랑하시고 할아버지, 할머니 상대로 홍보를 열심히 하신다. 노인 유치원인 '노치원'에 가실 때도 모시러 오는 승합차에 내 책을 싼 보따리를 들고 가서서 하루 종일 돋보기를 쓰고 읽으시며 선생님들과 원생 할아버지, 할머니께 매일 책을 홍보하느라 시간 가는 줄도 모르실 만큼 바쁘고 즐거운 날들을 보내신다. 집에 계실 때는 친척분들의 전화번호를 잘 보이시도록 큰 글씨로 적어놓은 노트를 전화기 앞에 펼쳐놓고 친척분들에게 내 책을 선전하시며 여러 권씩 사보라고 권유를 하신다. 어머니는 내 책의 최고의 홍보대사가 되어주셨다.

하나뿐인 오빠는 이용업을 하신다. 동네 한자리에서 40년을 넘게 하고 계신다. 동네의 터줏대감이 되셨다. 모르는 사람이 없을 만큼 이용업으로 자리매김을 하셨다. 오빠의 가게에서도 내 책이 나를 홍보해주고 있다. 오빠도 어머니 못지않게 내 동생이 작가라며 오는 손님들에게 자랑하고 손님들은 작가 동생을 둔 오빠라며 가문의 영광이라고 하신단다. 오빠는 늘 찾아주시는 단골손님들에게 고마움의 표시로 내 책을 선물로 드리는데 손님들께서는 귀한 책은 값을 치러야 한다고 하시며 책값을 주고 가신다고 한다. 오빠는 작가가 된 동생 덕으로 하는 일에 힘이 나고 즐거우며 업그레이드된 유명세를 탄다고 했다. 내 책이 가장 소중한 어머니와 오빠에게 선한 영향력으로 보람을 느끼게 하며 즐거운 삶을 살아가는 힘이 되어주어 감사하다. 앞으로도 더 좋은 책을 써야겠다는 마음을 갖게 되었다.

여동생은 다니는 회사의 동료들과 주말마다 만나는 산악회 회원들, 알고 지내는 지인들에게 내 책을 자랑하며 홍보해주고 있다. 조카들도 물심양면으로 홍보 역할의 대변인이 되어준다. 책 한 권의 힘은 대단하다. 연락을 안 하고 지냈던 친척분들이 연락을 해오며 자랑스럽고 대단하다고 하신다. 많은 칭찬도 잊지 않고 해주신다. 그런가 하면 전혀 알지 못하는 사람들이 연락을 주며 상담을 요청하기도 하고 강연 섭외의 요청도 한다. 이럴 때마다 예전에 일만 하던 내가 아니라 작가라는 신분으로 상승된 나 자신을 느낀다.

시댁의 어른들과 친척, 형제, 자매들도 가문의 영광이라며 칭찬과 응원을 아끼지 않으신다. 주위에 알고 지내는 모든 분이 내 책을 홍보하시는 역할을 열정적으로 해주신다. 책을 쓰고 난 후에 많은 것을 느꼈다. 나는 혼자가 아니라는 것을, 내 인생은 내 것이지만 나 혼자서 살아가는 게 아니라는 사실을 깨닫게 했다. 책을 통해서 형제 자매 간의 우애가 더 많이 돈독해졌고 부모님의 깊은 자식에 대한 사랑을 받았고, 주변의 아는 모든 분이 나를 '작가님'이라고 부르며 재능을 가진 사람이라고 특별한 대접을 해준다. 내 이름 석 자로 된 책으로 나는 최고로 행복한 인생을 살게 되었다.

50대라는 결코 적지 않은 나이에 미래에 대한 걱정으로 조금씩 불안해졌다. 안정적인 직장을 대신해서 내가 꿈꿨던 일을 하고 싶은 생각으로 망설이고 있을 때 '이 나이에'라는 생각이 가장 위험하다고 역설하는 이시형 박사가 떠오른다. 그는 『공부하는 독종이 살아남는다』에서 중년의 파워는 나이가 들수록 오히려 강해지는 역동적인 힘이라고 말하며 원숙미, 폭넓은 인맥을 바탕으로 한 정보력, 축적된 경제력 등이 그 힘의 원천이라고 말했다.

인생을 살아가는 데 정답이 있는 것은 아니다. 나이를 먹었다고 하지 못할 것도 없다. 지(知)의 거인이라 불리는 도야마 시게히코의 『자네 늙어봤나 나는 젊어봤네』라는 책 제목을 보라. 얼마나 자신 있는 말인가. 그는 90살이 넘어서도 여전히 현역으로 살고 있다. 언젠가 한 잡지에서 이런 글을 읽은 적이 있다. 어느 86살 할머니의 말이다.

"내가 86살까지 살아 있을 줄 알았더라면 26년의 세월을 이렇게 헛되이 보내지는 않았을 것을. 무엇이라도 시작해볼 것을."

평균 수명이 짧아 환갑잔치를 하던 시기에는 60세만 넘어가면 인생 다 산 것으로 생각했던 것이 사회의 통념이었다. 그러나 이제 세상이 바뀌었다. 평균 수명은 80세를 넘어 100세를 향해 가고 있다. 중년의 나이를 자랑하며 남은 인생을 '그동안 열심히 살아왔으니 이젠 좀 쉬어야겠다'면서 그저 휴식만 취하며 살 것인가? 다시 한 번 새로운 인생을 시작해볼 것인가? 결정은 순전히 당신의 생각에 달려 있다. 세상의 모든 일은 생각에서 비롯되었다. 생각하지 않으면 말할 수 없고 말하지 않으면 행동하지 못한다. 행동하지 않으면 남은 인생에 성장은 있을 수 없다. 나의 남은 인생 제2의 직업은 내가 가장 하고 싶었던 책을 쓰는 일이다. 꿈으로만 간직했던 작가의 꿈이 현실이 되었고 상상했던 일들이 이루어졌다. 망설임을 물리치고 행동으로 옮기며 밀고 나갔기에 성장할 수 있었다.

부자들은 부자의 사고방식을 가지고 있고, 가난한 사람들은 가난한 사고방식을 가지고 있다. 그래서 가난한 사람이 부자가 되기 위해서는 가장 먼저 사고부터 바꿔야 한다. 우리가 어떤 말을 하거나 행동을 하기 전 '사고'가 일어난다. 힘든 일이 닥치면 할 수 없는 이유가 아닌 할 수 있는 이유를 찾아라. 이것이 부자의 사고다. 크게 될 사람들은 보통 사람들보다 큰 시련이 닥친다. 큰 시련이 왔다는 것은 여러분을 큰 인물, 큰 그릇을 만들기 위한 하나님의 트레이닝으로 보면 된다. 사람마다 본인이 가지고 있는 경험과 지식을 반복화해서 이를 코칭, 세미나, 강사, 저자, 마케터의 자격으로 다른 사람에게 가르치는 전문가가 되기를 결심하라고 한다. 책을 펴내고, 강의를 하고, 세미나를 열고, 비용을 받고 교육을 하면 된다. 직장생활을 하면서 가장 하기 좋은 투잡은 '1인 창업'이라고 한다. 내 이름으로 책을 펴내고 코칭을 하고, 강연을 하고, 세미나를 개최한다. 이보다 더 최고의 사업 아이템은 없다고 한다. 성공한 사람들이 하는 말이다.

지금의 나는 인생에서 일어날 수 있는 수많은 어려움과 과제야말로 그 사람을 성장시키려고 하늘이 내려준 최고의 선물이라고 믿고 있다. 과거와 결별하지 않으면, 눈부신 미래와 결별하게 된다. 미래와 손을 잡아라. 부자의 사고를 가져라. 가난뱅이의 사고를 버려라. 그러면 자연스레 꿈을 이루게 되고 성공자의 반열에 오르게 된다. 내 책이 출판되고 남편의 회사 직원들이 책을 사겠다고 했다. 나는 선물로 드리라고 남편에게 전했는데 직원분들은 작가 아내를 둔 남편을 축하하는 의미로 책을 구입해주신다고 했다. 남편은 거의 집밥을 먹는 타입이다. 책을 쓰는 동안 끼니 때만 되면 내 눈치를 보며 어떻게 끼니를 때울까를 고민했다. 책을 쓰고 있는 모습까지도 좋아했던 남편은 최고의 고민이 집밥을 먹는 것이었다. 책을 쓰느라 시간 가는 줄 모르고 제대로 챙겨주지 않아서 눈칫밥을 먹었다며 우스갯소리를 한다. 이렇게 가족 모두의 응원 덕분에 책을 쓰고 행복한 인생을 살게 되었다.

07

인생 절반에 오기까지

꿈을 향해 나아가라. 그리고 상상대로 살아라.

−헨리 데이비드 소로

미국의 소설가 토머스 울프는 『그대 다시는 고향에 가지 못하리』라는 책에서 이렇게 말했다.

"더 큰 사랑을 찾기 위하여 지금 가장 사랑하는 친구를 잃어버릴 것.

더 큰 당신을 찾기 위하여 지금 그대가 딛고 있는 땅을 잃어버릴 것."

떠난 길로 다시는 돌아가지 말라고 한다. 이렇듯 우리는 새로운 세상을 향해 나아가야 한다. 현재에 주저앉지 말고 앞으로 한 발 내디뎌야 한다.

지금은 100세 시대다. 아니 100세보다 더 수명이 연장될 거라고도 한다. 인생 절반을 넘게 살아가고 있는 나는 이제야 내 인생에 첫 발자국을 떼고 있다. 지나온 날들은 가정을 꾸리고 자식을 키우며 가족의 테두리를 지키기 위하여 헌신적인 삶을 살았다고 해도 과언이 아닐 것이다. 그럼에도 남은 것은 빈껍데기의 육신뿐이었다. 몸이 따라주지 않는 힘든 일을 계속할 수도 없었다. 가족에게도 말을 못 하고 무얼 하고 살아가야 할지 이대로 계속 힘들게 살아가야 하는 것인지 앞으로의 내 인생에 대해 깊이 있게 생각하게 되었다.

지금 선택하지 않으면 평생을 후회할 것 같았다. 오늘의 시간은 두 번 다시 돌아오지 않는다. 더 나이 들어서 아무것도 새롭게 시작할 수 없을 때 후회하지 않기 위해서 나다운 삶을 살아보고자 작가의 길을 선택했다. 도전을 해보지도 않고 후회하느니 도전을 하고 최선을 다해 꿈을 이루도록 노력을 해보고도 꿈을 이루지 못한다면 그때 가서 후회해도 될 것이라고 생각했다. 나는 실패를 하거나 후회하는 일은 없을 것이라고 자신에게 새기고 또 새겨둔다.

절반의 인생 속에서 실체인 나는 어디로 갔는지 찾아볼 수 없었고 얼굴은 나이테의 연륜을 읽을 수 있을 만큼 젊음을 잃었고, 곱디곱던 손의 매무새도 찾아볼 수 없을 만큼 투박하고 거친 손으로 변해버렸다. 그렇다고 고생한 대가로 경제적으로 부를 축적해놓은 것도 아니었다. 젊은 시절부터 빚더미에 떠밀려 빚을 갚으며 생활하기도 넉넉지 못한 형편의 날들을 살아왔다. 돌아보면 험난했던 인생사가 허망할 따름이다. 이대로 살아간다면 몇 년의 세월이 흘러도 삶은 크게 달라지지 않을 것 같았다. 나 자신을 위해 새로운 길을 찾아야 한다는 생각에 마음이 바빠지기 시작했다. 더 이상 늦지 않게 지금부터 가정과 가족의 테두리에 머물러 있지 않고 내가 찾고 싶은, 나만을 위해 할 수 있는 것을 찾게 되었던 것이다.

앞으로의 남은 인생에 단단한 발판이 되어줄 첫 책을 쓰면서 마음속으로 제2의 인생을 값지게 살아갈 디딤돌이라 여기고 최선을 다해 살면서 가슴속에 묻어두었던 경험들과 아픔들을 있는 그대로 진솔하게 펼쳐놓았다. 그리 특별한 인생사는 아니지만 겪은 그대로의 경험이 독자분들의 가슴에 전해졌고, 아픔을 겪어본 독자분들은 크게 공감한다며 새로운 힘과 용기를 얻었다고 감사의 말을 전해왔다.

찰스 더들리 위너는 이렇게 말했다.

"유감스러운 일은 대부분의 사람이 행복 추구를 부(富)의 추구로 해석하고, 많은 돈을 벌기 위해 행복해지는 일을 뒤로 미룬다는 것이다. 운이 좋아 부자가 되더라도 결국에는 행복이 자신들을 피해갔음을 발견하게 된다. 즉, 돈을 버느라 행복을 느낄 수 있는 재능을 개발하지 못한 것이다."

인생의 모든 기회는 꿈을 잃지 않고 현실에 충실할 때 비로소 주어진다. 많은 사람들은 지금 자신에게 주어진 기쁨과 행복을 깨닫지 못한 채 수많은 기회를 놓치며 살아간다. 우리가 찾는 것들은 항상 주변에 있다. 매 순간 성공으로 이끌어줄 기회들이 함께 숨 쉬고 있다는 것을 잊지 말아야 한다.

서울시에서는 50~64세 중장년층의 제2의 인생을 지원하기 위한 '50+ 종합지원대책'을 발표했다. 중랑구청에서는 퇴직 예정자들을 위해 '행복한 인생 재설계' 프로그램을 개설했다. 은퇴 후 새로운 환경 변화에 능동적으로 대처할 수 있도록 재무 관리, 자원봉사, 건강 관리 등 미래 설계를 위한 기본 및 소양 교육 과정을 진행한다. 은퇴는 지자체에서도 발 벗고 나설 만큼 우리 눈앞에 닥친 현실이 되었다. 은퇴는 이제 먼발치에서 바라보는 것이 아니다. 바로 발등에 떨어진 불이 되었다. 제1의 인생인 직장을 떠나 다시 시작해야 하는 제2의 인생이 기다리고 있다. 나이에 상관하지 말고 지금부터 준비해야 한다. 자신이 좋아하는 일, 잘하는 일, 오랫동안 해온 취미생활, 관심 있는 일 등 어떤 것이든 괜찮다. 인생 절반을 넘게 살아왔다면 새로운 제2의 인생을 지금부터 준비해야 한다.

큰아들이 초등학교 6학년일 때 같은 학부모였던 어머니들과 모임을 해오고 있다. 2~3달에 한 번씩 만남을 가진다. 만날 때마다 아이들이 성장하는 과정의 이야기들을 주고받으며 가족들의 근황, 건강에 관한 이야기, 즐거웠던 에피소드, 슬펐던 일 등의 이야기들을 주로 나눈다. 그러다가 서로 나이가 중년의 세월을 넘다 보니 차츰 바뀌기 시작했다. 건강에 대한 이야기가 최고 우선순위였고 나이는 속일 수 없는 미용에 대해서 서로 최고로 젊어지는 방법이라며 이야기꽃을 피운다. 그리고 나이가 많아서 다니던 직장에서 실직을 당하는 사람, 실직을 당할까 봐 스스로 미리 직장을 그만두는 사람이 늘어가고 있었다. 그들 중에 나는 힘이 들어 일을 적게 하면서 책을 쓰기 위한 동기를 갖게 되었다고 했다. 모인 엄마들은 최고의 선택을 했다고 한다. 어떻게 하면 책을 쓸 수 있느냐고 묻기도 했다. 대단한 재능을 가지고 있는 줄 몰랐다며 놀란 눈으로 바라보기도 한다.

모두 인생 중반을 넘는 나이가 되다 보니 다른 새로운 직업을 구하기에 애쓰는 모습이다. 하는 일 없이 남은 삶을 보내는 일은 인생을 살 만큼 살아오신 노인분들의 이야기다. 100세 시대인 현실에서 중년을 넘게 살아온 분들의 가장 큰 고민이 제2의 인생 직업을 갖는 일이다.

그 이후 내 책이 출간되어 책을 들고 모임에 참석했을 때 엄마들은 모두 일어서서 기립 박수를 보내주었고 작가님이라고 예전과는 나를 대하는 말부터가 달랐다. 작가님이 같은 학년 아이들의 엄마들 모임에 있다는 것이 영광이라며 기쁨의 말들을 해주었다. 책의 위대함을 느낄 수 있었고 책이 나를 대신해서 신분을 높여주고 있었다. 누구의 엄마가 아닌 누구는 작가 엄마의 아들이라는 명칭부터가 달라졌다. 제2의 새로운 작가의 직업을 선택한 일이 인생 절반을 넘게 살아온 내가 최고로 잘한 것이라는 것을 실감케 했다. 내 이름 앞에는 작가라는 명칭이 붙었다. 다니는 미용실, 동네의 마트, 세탁소 등 이제는 가는 곳마다 작가님이라는 호칭이 내 이름을 대신해주고 있다. 동네에 있는 서점에도 내 책이 진열되어 있다.

서점 사장님이 단골손님인 나의 책을 특별히 생각해주셔서 베스트셀러 1순위의 책 진열대에 진열해주셨다. 나는 사장님께 정상의 순위대로 해놓으셔도 된다고 말했다. 사장님은 같은 동네, 단골손님의 책이 많이 팔려야 서점의 인기도가 높아진다고 하시며, 책을 쓴 내가 대단해서 많이 팔아주고 싶은 마음에 눈에 잘 띄라고 앞에 올려놓으셨다고 했다. 규칙은 지켜야 된다는 내 말에 웃으며 3~4시간 정도 올려놓은 거라며 이내 정상적인 순위로 진열해놓으셨다.

서점의 진열대에 내 이름의 책이 진열되어 있는 모습이 감격스러워서 한참 동안 바라보고 있으니 스스로 최고의 선택을 했다는 칭찬이 저절로 나온다.

100세 시대를 바라보는 시점에서 앞으로 남은 절반의 인생을 어느 누구보다 가치 있는 인생으로 자신 있게 살아갈 수 있다. 앞으로도 더 좋은 책을 써서 많은 사람들에게 선한 영향력을 선물하는 선한 작가가 될 것이다. 인생 절반을 살아오면서 얻게 된 진솔한 삶의 경험과 교훈, 지혜를 독자들과 나누고 보람되고 선한 일을 하며 남은 인생을 멋지게 살아갈 것이다.

08

행복은 시작됐고, 고생은 끝났다

성공 철학의 거장이라고 불리는 나폴레온 힐은 "생각하라. 그러면 부자가 될 것이다."라고 말했다.

누구나 미래를 알 수 없지만 미래를 만들어갈 힘은 무한하다. 그 힘이 바로 생각하는 힘이다. 부자가 되고 싶다면 부정적으로 생각하고, 말하며, 행동하는 습관들을 철저하게 차단하라. 사람은 자신이 바라보는 방향으로 걸어가게 된다. 지금 자신이 어떠한 상황에 처해 있더라도 그 현상에 시선을 두지 않고 '나는 성공한다, 이미 나는 풍요롭다.'라고 생각한다면 원하는 것을 이룰 수 있다. 절대로 의심하거나 두려워해서는 안 된다. 매 순간 자신이 원하는 것을 생각하며 이미 그것을 이루었다고 믿는다면 그것이 무엇이든 반드시 이루어질 것이다. 그러므로 자신의 꿈을 이루기 위해 그것에 초점을 맞춰라. 그리스의 철학자 에픽테토스는 "먼저 자기 자신에게 무엇이 되고자 하는지 말하라."고 했다. 그러고 나서 해야 할 행동도 구체적으로 나타낼 수 있다. 그리고 행동이 구체화되면 자신이 해야 할 일은 단 하나다. 그건 바로 지금 해야 할 일에 집중하는 것이다.

나는 미래에 성공한 내 모습을 생각하고, 상상으로 그림을 그리고 그 그림 속의 모습을 현실화시키기 위해 어제보다 나은 오늘을 살고 있다. 평상시에 손편지나 일기도 한 번 써보지 않았던 내가 책을 쓴다는 생각을 하고 실행에 옮길 때 이미 책을 쓰고 베스트셀러 작가가 된 내 모습을 상상하고 행복하게 작가로서 바쁜 일정을 보내는 모습 또한 상상했다. 머릿속으로 암시도 했지만 '나는 유명한 베스트셀러 작가가 됐다, 나는 100억 부자가 됐다.'라는 말을 수시로 한다. 버킷리스트 목록에 이루고자 하는 순서대로 적어서 잘 보이는 곳에 붙여두고 수시로 소리 내어 읽었다. 그리고 종이에 적어 지갑 속에 넣고 생각날 때마다 꺼내어 읽는다.

내 책이 출간되기 전에도 나 스스로 나는 작가님이라고 자칭하며 말했다. 나 자신을 위한 시간에 집중하고 몰입을 하면서 부자 공부, 돈 공부, 마음 공부를 하고 있지만 가장 중요한 것은 결과가 있어야 한다. 결과가 없으면 끈기나 집념 같은 것이 생기지 않고 결국 포기하거나 핑계와 변명을 하게 된다. 결과를 내려면 이왕이면 빠르게 내야 하는 것이다.

그렇게 열심히 하루하루를 보내다 보니 좋은 결과물을 안을 수 있었고 생각하고, 상상하고, 말한 대로 모든 것은 이루어졌고, 한편으로는 이루어가고 있는 현실에 와 있다. 노력의 대가는 반드시 나에게 돌아와준다. 생각한 대로 상상하고 말한 대로 이루어진다. 나에게 행복은 시작됐고 이미 모든 고생은 끝났다. 막내아들이 고등학생일 때 '전자기기 기능사' 자격증을 따기 위해 어려운 납땜 작업을 하고 그것을 순서대로 익혀서 실기시험을 봐야 하는 준비 과정이 힘들어 도저히 어려워서 자격증을 따지 못할 것 같다고 한다. 나는 좌절하려는 막내아들에게 "네가 어렵게 느끼고 자격증을 딸 수 없다고 생각하면 딸 수 없는 거야! 하지만 기필코, 자격증 시험을 잘 치고 합격하여 자격증을 딸 거라고 생각하고 열심히 시험 준비를 위해 노력하고 암기하면 충분히 자격증을 따게 돼!"라는 말을 해줬다. 이 말을 귀에 담아 듣고 마음에 새겼는지 밤늦게까지 책상 위에서 납땜 실기시험을 위해 열심히 연습에 열중했다. 그리고 시험을 치고 난 결과 시험생들 중에서 첫 번째로 완벽한 실기시험 점수로 빠르게 합격을 하고 자격증을 획득하게 되었다.

막내아들은 생각대로, 상상하는 대로, 말한 대로 이룰 수 있다는 엄마의 말씀을 듣고 자격증을 꼭 딸 것이라는 생각을 가지고 노력한 결과라며 행복해했다. 남편이나 아이들에게 항상 긍정적인 생각과 긍정의 말을 하라고 말해준다. 좋은 말의 힘이 위대한 자녀로 거듭나게 한다. 말의 파동은 전자파보다 3,300배나 더 강력하다고 한다. 부정적인 생각, 부정의 말들을 차단하고 항상 긍정적인 생각을 하고 긍정의 말을 할 때 감정적으로 행복을 느끼게 된다. 모든 일은 자신의 생각에 달려 있다. 할 수 있다는 긍정적인 신념을 잃지 말고 행동과 실천으로 이루어내면 행복은 시작되고 고생은 끝난다.

유튜브 〈권마담 TV〉에는 이런 내용이 나온다.

"마이너스 인생에서 알게 된 압도적으로 부자가 되는 비결"

"아무리 부자가 되어도 내가 행복하지 않은 부자라면 의미가 없다. 누군가에게 귀감이 될 수 없을뿐더러 그렇게 되려면 여러분이 정말 행복해야 된다. 인생의 목표가 행복이 되어야 하고 그 길을 알려주는 길을 가야 한다. 나는 일반 대중이 보는 책이 아니라 부자들이 쓰고, 부자들의 행동, 관점을 바꾸고, 내 인생의 프레임을 다시 짜게 해주고 나의 생각을 완전히 뒤집는 책, 그런 책들을 읽기 시작하면서 가슴이 뛰고, 실천을 하고 지금 부동산 공부까지 하고, 재테크도 하면서 150억 부부 자산가가 되었다. 상상도 이 정도까지는 안 했지만 지금은 1,000억 부자의 꿈을 갖고 있다. 계속 돈을 벌어서 10억 정도 벌면 다 가진 것 같고 여행도 다니면서 이렇게 살 줄 알았다.

그런데 10억의 세계가 오면 또 50억의 세계가 있다. 그리고 50억 세계가 오면 또 그다음 100억의 세계가 있고, 100억 세계가 오면 또 그다음 세계가 있다. 만약 이것을 60대나 70대에 깨달아 그때 이루었으면 그땐 너무 늦었고 내가 뭔가 더 하기엔 힘든 몸일 수도 있다. 이제 모든 행복 나의 소원성취가 다 된 것 같지만 또 다른 세계가 있다는 것을 여러 번 반복적인 경험으로 알게 되었다.

편히 쉴 수 있지만 욕망이 있다. 욕망은 사람이 가진 가장 아름다운 선물이다. 욕망이 있어야 추진력이 생기고 그 추진력을 통해서 더 할 수 있는 목표 설정이 가능하기 때문에 나의 인생 성공을 위해서는 욕망이 꼭 필요하다. 돈이 많으면 당연히 더 많은 행복이 주어진다. 그 기쁨은 정말 이루 말할 수 없고 내가 행복하니까, 내 주변이 행복하고, 가족이 행복하다.

진짜 부자들은 레벨이 있다. 부자들의 세계가 다를 수밖에 없다는 것을 느꼈다. 욕망을 가지고 빨리 성공하는 것에 집중해야 한다. 요즘은 시대가 좋아져서 노력한 만큼 결과가 나오는 시대다. 본업이 있더라도 투잡, 쓰리잡이 가능한 시대다. 돈을 벌 수 있는 수단이 많다. 모든 조언을 받으려면 나보다 성장한 사람, 나보다 더 부를 이룬 사람, 나보다 감정적으로 수준이 높은 사람, 이런 분들을 만나서 조언을 받아야 그분의 영향력으로 그런 사람이 되면서 인생이 바뀐다. 큰 부자가 될 것이고 행복하고 돈 많고 선한 영향력을 끼치는 부자가 되어서 감정적으로 행복한 사람이 됐으면 한다. 여러분의 인생의 프레임을 다시 짜서 나아가도록 해보라. 결과는 정해져 있다. 우리는 정해져 있는 결과 속에 도달하기만 하면 된다."

　내가 진정으로 좋아하는 일을 하면서 느끼는 소박한 행복에 감사하며 사는 모습, 그 일을 통해 가치 있는 것을 만들고 그 대가로 경제적으로 풍요롭게 살아가는 모습, 항상 무언가를 스스로 창조하며 만들어가는 모습을 상상하면 내 안의 선한 욕망이 솟아올랐다. 그것이 변화의 시작이 되었고 가슴속에서 잠든 욕망을 깨워 조금이라도 더 성장하고 발전하면서 지금보다 더 나은 삶을 살게 되었다. 인생의 행복은 외부 조건에서 오는 것이 아니라 내면에서 온다는 것을 깨닫게 되었다. 그 깨달음을 통해 하루하루가 행복하고 감사하다. 행복은 시작됐고, 고생은 이미 예전에 끝이 났으며 밝은 햇살이 비치는 날들만 존재할 뿐이다.

Part 3

내가 원하는 것이
내 것이 된다

01

포기하지 않는 사람이 축복을 받는다

'미국 살림의 여왕' 마샤 스튜어트는 이렇게 말했다.

"한 사람에게 모든 것을 바치는 연애를 하듯 일에도 뜨거운 열정을 바쳐라. 나는 삶과 사업에 똑같은 열정의 자세로 임한다. 한마디로 나의 삶이 곧 일이고 일이 곧 삶이다. 열심히 경청하고 매일 새로운 것을 배우는 최고의 전문가로 거듭나야 한다."

살아오는 동안 많은 시련과 고난의 날들을 지내왔다. 잘되는 일보다 안 되는 일이 더 많았다. 성공이 아닌 실패를 할 때마다 좌절하며 삶을 등지고 싶다는 생각까지 해보았다. 그럴 때마다 포기할 수 없었던 것은 힘과 용기를 주는 삼형제 아이들이 있었기 때문이며, 아이들의 엄마이기 때문이었다. 아이들에게까지 아픔을 주어서는 안 된다는 생각이 나를 일으켜 세웠다.

시련 뒤에 오는 축복을 기대하며 밤낮으로 일을 하고 손에서 일이 떠날 날이 없는 날들을 헤쳐 나왔다. 그때 나는 깨달았다. 자신이 포기하지 않고 꾸준히 노력하고 도전할 때 성공은 반드시 실현된다는 것을, 깨달음으로 많은 축복을 받게 되었다.

"저는 넘어지나 아주 엎드러지지 아니함은 여호와께서 손으로 붙드심이리로다"(시편 37:24).

"아무것도 염려하지 말고 다만 모든 일에 기도와 간구로, 너희 구할 것을 감사함으로 하나님께 아뢰라 그리하면 모든 지각에 뛰어난 하나님의 평강이 그리스도 예수 안에서 너희 마음과 생각을 지키시리라"(빌립보서 4:6-7).

포기하지 않고 앞으로 나아가는 사람만이 축복을 받는다. 그 어떤 의심이나 두려움 없이 내가 할 수 있는 일에 최선을 다할 때 노력에 대한 축복은 따라올 것이며 성공은 이루어지게 되어 있다. 성공한 사람들은 꾸준한 노력과 포기할 줄 모르는 도전정신의 달인들이다. 그 가운데 25년 동안 무려 48번의 도전 끝에 변호사 시험에 합격한 맥시 필러를 꼽을 수 있다. 그가 수업료로 쓴 돈만 5만 달러에 달하며 헤아릴 수 없이 많은 강의를 수강했다. 그리고 144일이나 되는 시간을 시험장에서 보냈다. 그리고 그의 나이 61살에 꿈에 그리던 변호사 시험에 합격했다.

1966년 맥시 필러는 36살에 처음으로 캘리포니아 주에서 변호사 시험에 응시했다. 그는 그 시험에서 떨어졌고 그 후로 거듭 도전했다. 그럼에도 또 떨어지자 그는 로스앤젤레스, 샌디에고, 리버사이드, 샌프란시스코 등 캘리포니아 주에서 변호사 시험이 치러지는 곳이면 어디든 달려가 시험을 보았다. 그런데도 안타깝게 매번 시험에서 떨어지고 말았다. 그는 아이들이 초등학교에 다닐 때부터 시험에 응시하기 시작해서 두 아들이 법대를 졸업한 뒤에도 포기하지 않고 시험을 보았다. 그리고 자신보다 일찍 변호사 시험에 통과한 두 아들의 법률

사무소에서 보조로 일하면서도 그는 계속 시험에 응시했다.

어느덧 그의 나이는 대부분의 사람이 은퇴를 생각하기 시작하는 나이가 되었다. 그는 꾸준한 노력과 포기할 줄 모르는 도전 끝에 마침내 변호사 시험에 합격하는 쾌거를 이루었다. 첫 시험을 치른 지 25년이 지난 뒤 그의 나이 61살에 합격한 것이다. 그는 변호사 시험을 포기하지 않았던 이유를 이렇게 밝혔다.

"저에게 포기란 있을 수 없는 일입니다. 저는 변호사 시험에 반드시 합격할 것이라는 확신을 버리지 않았고 언젠가는 꼭 합격하리라 믿었습니다. 그래서 포기할 생각은 아예 하지 않았습니다."

그가 매번 변호사 시험에 떨어질 때마다 가족과 친구들의 변함없는 지지가 큰 힘이 되어주었다. 떨어질 때마다 아내는 다음 지원서를 만들어주며 이렇게 말했다.

"여보, 이번에는 정말 합격할 뻔했어요, 아쉽네요, 다시 도전해보세요, 다음번에는 반드시 합격할 테니까요."

맥시 필러는 아내의 말에 용기를 가질 수 있었고 다시 도전할 수 있었던 것이다. 현재 그는 캘리포니아 주 콤프턴 시에서 흑인 소송 변호사로 왕성하게 활동하고 있다.

처음 나는 맥시 필러의 사례를 접하고 놀라움을 금치 못했다. 세상에 어떻게 그렇게 잡초처럼 끈질긴 사람이 있을까 하는 생각이 들었기 때문이다. 그가 감내했던 시련과 역경을 보통 사람 같았으면 중도에 포기했을 것이다. 하지만 그는 단 한 번도 포기하지 않고 희망을 버리지 않았기에 하나님의 은혜로 마침내 합격한 것이다.

지인은 중간 정도 크기에 여러 가지 음식을 하는 식당을 하고 있었다. 큰 돈벌이는 안 됐지만 현상 유지 정도는 한다고 했었다. 그러던 중 2020년 초가 조금 지나면서부터 발생한 코로나 바이러스 감염증-19 여파로 손님이 대폭적으로 줄어들어 현상 유지는커녕 매달 내야 하는 가게세도 내기가 힘든 정황이 됐다고 했다. 부부와 두 아들이 같이 생활의 터전으로 삼고 운영했던 식당 영업을 끝내는 포기해야만 했다고 했다. 한순간에 가족 전체가 실업자가 된 것이었다. 나라 전체에 도산하는 기업들과 소상공인들이 무더기로 실업자가 되는 일이 비일비재한 상황에서 새로운 직업을 찾기엔 하늘의 별 따기 만큼 힘들다고 해도 과언이 아닌 상황이다. 지인의 가족들은 실업자로 몇 달을 보낸 후에도 경제면에서는 활성화가 되지 않고 있었고 코로나19의 환자도 언제 끝이 난다는 예정도 없이 환자는 계속 속출하는 상황이 지속되고 있다.

가족 전체의 직업이었던 식당 운영을 하기 위해 인테리어와 각종 식당에 필요한 물품을 사들인 권리금의 일부도 받지 못한 터라 이제는 빚더미를 안고 빚을 갚으며 살아야 하는 고난의 현실이 되었다고 한다. 나이도 중년을 훌쩍 넘은 부부에겐 빚을 갚아야 할 능력도 없는 입장이었다. 당장 생활을 해나가야 할 여력도 힘들다고 한다. 그렇게 힘든 날들을 지내고 계시던 중 아는 분의 도움으로 겨우 아저씨는 아파트 경비원의 일자리를 찾았고 아주머니는 청소하는 직업을 찾았다고 기뻐하시며 소식을 전해왔다. 두 아들의 근황을 물으니 직업을 구하기가 힘든 상황에서 할 수 없이 오토바이를 구입해 '퀵 서비스' 일을 한다고 했다. 위험한 직업이지만 딱히 직장을 구하기는 어려운 때이고 가족이 합심해서 빨리 빚을 갚아야 하기 때문에 망설일 여유가 없다고 하셨다. 아주머니는 가족 모두 하나님을 믿는 믿음이 있어서 어려운 형편 속에서도 실망하지 않고 현실을 겸허하게 받아들이며 삶을 포기하지 않고 성실히 헤쳐나가는 두 아들에게 감사할 따름이라고 하신다. 그리고 시련은 축복을 주시기 위한 전야제라고 하시며 하나님께서 베풀어주실 은혜를 기대한다고 하신다. 나는 아주머니의 말씀을 듣고 나 또한 용기를 얻었다고 말하며 하나님의 큰 축복이 있기를 기도드린다고 했다.

모든 사람에게 고난의 시절은 온다. 그러나 목표가 있고, 희망을 잃지 않고, 포기하지 않으며 충실히 살아갈 때 지켜보시는 하나님은 보듬어주시며 목표와 희망이 현실에 와닿을 수 있도록 축복을 주신다. 인생을 살다 보면 누구나 시련과 역경에 처할 때가 있다. 그럴 때마다 위기를 기회로 삼아 인생 재테크를 하고 앞으로 다가올 미래에 성공한 자신의 모습을 바라보며 포기하지 않고 당당하게 살아가길 바란다.

상상하라! 꿈은 이루어진다

　내가 원하는 모습을 생각하고 상상한다. 자신을 격려하며 항상 원하
는 모습으로 변할 수 있다는 생각을 가지게 되면 자신이 원하는 모습
대로 변해 있을 것이다. 또한 생각 속에 있는 말을 자신에게 해준다.
'말이 씨가 된다'는 속담이 있다. 자신이 말하는 대로 산다는 뜻이다.
우리는 어떤 말을 하면 그 말과 연관된 생각을 지속적으로 하게 된다.
그리고 그 생각에 맞는 행동을 하게 되고, 그 결과 그 말처럼 살게 되
는 것이다.

성공 진리를 상황에 맞게 잘 활용하여 큰 성공을 이룬 『150억 부자의 부의 추월차선』의 김도사는 이렇게 말하고 있다.

"꿈을 실현하는 과정에서 꿈의 실현보다 더 값진 것을 얻을 수 있었다. 내가 상상하는 것들은 무조건 현실이 된다는 단단한 믿음을 가지게 된 것이다. 나는 원하는 것을 의식 속에서 선포한다. 상상 속에서 내가 원하는 것을 가지게 되었을 때 느끼게 될 감정과 기분을 생생하게 느껴보고 취하게 될 행동을 해본다. 상상 속에서 이루어진 행동은 그 모습과 동일하게 곧 외부세계에 모습을 드러낼 수 있도록 우주 만물에게 명령을 내린다. 세상 모든 것은 그것이 실현되도록 분주하게 움직이기 시작한다. 나는 기적이나 창조는 이런 방식으로 이루어진다는 것을 잘 알고 있다."

영국의 시인 블레이크는 이렇게 말했다.

"인간은 오직 상상력이다. 하나님은 인간이고 우리 안에 존재하시며, 우리는 그분 안에 존재한다. 인간의 불멸의 몸은 상상력, 곧 하나님 바로 그분이다."

그렇다, 나는 상상력이다. 또한 하나님도 상상력이다. 하나님은 내 안에 계시고, 나는 하나님 안에 있음을 알고 있다. 하나님은 상상력을 통해 활동하신다. 내가 어떤 것에 대해 상상할 때 하나님은 움직이기 시작하신다. 바라는 것이 있을 때 그것을 갖기 위해 노력만 해선 안 된다. 그것이 이미 나의 것이 된 상상을 해야 한다. 그것을 가졌을 때 하게 되는 말과 행동을 상상 안에서 할 수 있어야 한다. 성경의 여호수아에는 "너희 발바닥으로 밟는 곳은 모두 너희에게 주었노니."라는 말이 있다. 이는 상상을 일컫는 말이다. 상상 안에서 생생하게 그리는 모든 것은 내 것이 된다. 무언가를 상상할 수 있다는 것은 그것을 가질 수 있다는 뜻이다. 우리는 현실로 만들지 못하는 것들은 상상할 수 없다. 자신이 아는 것만 상상할 수 있기 때문이라고 말한다.

나는 김도사님의 제자다. 도사님을 만나게 된 계기로 작가의 꿈을 이루었고 지금 현재도 책을 쓰고 있다. 매일 〈김도사TV〉, 〈권마담TV〉 유튜브 영상을 보고 김도사님의 책은 내게 필수품이 되었다. 어마어마하게 책을 펴내는 도사님의 신간 서적을 다 읽을 수 없을 만큼 도사님은 빠르게 책을 펴내는 세계 최고의 책 쓰기 달인으로 최고의 책 쓰기 코칭을 하신다. 김도사님의 실현된 꿈 대부분은 보통 사람들은 상상도 할 수 없는 굉장한 것들이다. 그는 IQ 89의 전문대 화장품학과 출신이 작가가 된 것은 기적에 가까운 일이라고 한다. 그보다 더 놀라운 일들은 24년 동안 250권이 넘는 책을 펴냈다는 것과 16권의 초.중.고등학교 교과서에 그의 글이 실려 있다는 것이다. 그리고 그가 쓴 책들 가운데 여러 권이 해외 여러 나라에 저작권이 수출되어 출간되었고, 2012년에는 고려대학교에서 멘토로도 활동했다. 지독하게 가난한 시절을 보냈던 그는 현재 30채가 넘는 부동산을 소유하고 있고 자동차만 페라리, 람보르기니, 벤츠, 포르쉐 등 슈퍼카를 총 6대나 소유하고 있다. 이 모든 것이 10년 전만 하더라도 그와는 전혀 어울리지 않는 것들이었다고 한다. 그러나 지금은 온전히 그의 것이 되었다. 무엇이든 기도하고 구하는 것은 이미 받은 줄로 믿어야 한다. 그 대상이 무엇이든 기도하고 구한다는 것은 이미 그것이 내 것이 되었음을 생생하게 상상하라는 뜻이다.

그런데 우주의 법칙을 알지 못한다면 어떻게 될까?

절대 성공할 수 없다. 성공하거나 부자가 되는 데 스펙은 그다지 중요하지 않다. 우주의 법칙을 제대로 이해해야 한다. 그래야 큰 힘을

들이지 않고 큰 성취를 얻을 수 있다. 우주의 법칙을 모르는 사람은 4시간만 자고 20시간을 노력해도 성공할 수 없다. 지금 우리 앞에 보이는 모든 것은 상상에서 비롯되었다. 상상하는 순간 창조가 일어난다. 상상의 힘은 강력하다. 우리가 어떤 것을 빈번하게 떠올린다면 그것은 얼마 후 현실에 나타나게 된다. 나뿐 아니라 성공자들은 자신이 바라는 것을 습관처럼 구체적으로 상상했다. 상상의 힘을, 원하는 것을 끌어당기는 자력으로 삼은 것이라고 김도사님은 우주의 법칙에 대해서도 많은 가르침을 주신다.

심리학자들은 어떤 일을 처리할 때, 먼저 마음속으로 그 일을 인식한 뒤에 착수하면 자신이 생각했던 것보다 훨씬 더 나은 성과를 이룰 수 있다고 말한다. 긴장을 풀고 마음속으로 원하는 목표를 상상한 뒤 그 일을 처리해야 할 임무로 받아들이면 된다. 이렇게 하면 모든 일이 이루어질 것이다. 하지만 마음속으로 '이 일을 해야지.'라고 상상만 하고 아무런 노력도 하지 않는다면 목표를 달성하기 힘들다. '원하는 모든 일이 이루어질 것이다.'라는 이치를 알고 원하는 일이 이루어지도록 최선을 다하여 노력할 때 모든 일은 상상하는 대로 이루어질 것이다.

목적이 없는 삶은 방황하게 만든다. 인생의 목적을 가지는 것은 가장 중요한 것이다. 어떻게 살아가겠다는 것이 필요하다. 목표를 가지고 꿈을 가져야 한다. 결말의 관점에서 생각을 할 때 모든 기적을 불러올 수 있다. 상상 속에서 미래를 현재로 만들어야 한다. 소망이 이루어진 상태의 관점에서 생각하는 것이다. 그 상태에 집중하고 그 상태에서 세상을 바라봐라. 결말의 관점에서 생각을 한다는 것이다. 상상 안에서 목표들이 이루어진 완벽한 상태를 상상해보라는 것이다. 인생은 모든 사람이 자신이 바라는 것을 원하는 대로 창조를 하고 마음껏 충만함, 즐거움, 행복감을 느끼면서 100년 정도를 살다가 가는 소풍이라는 생각이 든다.

목표는 우리 삶에 의미와 목적을 부여한다. 물론 목표 없이도 살아가는 데 지장은 없다. 하지만 즐겁고 행복한 삶을 원한다면 반드시 살아갈 목표가 있어야 한다.

목표는 분명한 것이 좋다. 나폴레온 힐은 말했다.

"성공하고 싶다면 분명히 추구할 목표를 세우고 지혜와 에너지를 거기에 집중해야 한다. 그렇게 한 걸음씩 목표를 향해 나아간다면 성취감과 향상된 자신감을 느낄 것이다."

견고한 목표가 있으면 어떤 고난 앞에서도 두려워하지 않고 용감하게 앞으로 나아가 장애물을 뛰어넘을 수 있다. 즉 목표를 달성하는 것이 바로 성공이다. 자신이 달성해야 할 목표에서 눈을 떼지 않는 사람은 작은 일에 연연하지 않으며 용감하게 나아가 반드시 성공할 것이다. 그리고 상상하라. 꿈은 반드시 이루어진다.

03

한 살이라도 빨리 성공하라

지인들의 모임에 참가할 때 지인들은 작가님과 같이할 수 있어서 영광이라고 한다. 책을 쓰느라 시간을 내지 못해 모임에 참가를 하지 못할 때도 있었다. 그런 나에게 시간을 내주어서 감사하다고 한다. 나는 책으로 인해 성공한 사람이다. 내 이름으로 된 내 책이 나를 대신해 안 가는 곳 없이 다니며 시간의 구애 없이 일하고 있다. 그 덕분으로 나는 유명인사 대접을 받는다. 책을 썼다는 것은 특별한 일이기 때문이다. 그러나 지금에 와서 나를 돌아보면 좀 더 일찍, 젊은 나이에 책을 썼더라면 느긋한 마음으로 책을 쓰는 일에만 열중할 수 있지 않았을까 싶다. 시간을 돌려 젊은 시절로 돌아갈 수 있다면 두말할 것 없이 책을 우선순위로 성공의 목표로 삼을 것이다.

〈김도사TV〉에서 김도사는 이렇게 말했다.

"빠르게 부자가 된 사람들만 아는 비밀 중에 시간을 잃는다면 모든 것을 잃는 것이다. 나의 가치를 높이는 데 가장 좋은 것은 무조건 책, 책이다. 책을 쓰고 지식과 경험, 노하우를 가지고 1인 창업을 하여 지식과 경험, 노하우를 전수해주고 돈을 벌 수 있다. 키보드를 칠 수 있고 한글 프로그램만 다룰 줄 알면 책을 쓸 수 있다. 하나님도 성경책을 쓰도록 했고 퍼스널브랜딩을 했다. 책을 쓰고 나면 온라인 카페를 개설하라. 온라인 마케팅과 강연, 코칭을 하여 자산을 높여간다. 무자본 창업을 하라. 자본도 필요없고, 점포도 필요없고, 직원도 필요없는 무자본 창업, 1인 기업, 1인 창업은 시간과 장소가 자유로워진다. 코치, 강연가, 1인 창업가가 되고 싶다면 책부터 써라.

끝에서 시작해라! 100배로 크게 성공한다. 결말의 관점에서 시작하

라. 롤렉스 시계를 사고 싶다면 먼저 롤렉스 시계를 사라. 강한 아우라가 생겨난다. 롤렉스 시계를 차는 위치로 올라간다. 부자가 되고 싶다면 부자의 마인드와 외모 복장을 갖추어보라. 부자들이 하는 외모, 복장, 마인드는 평범한 사람들과는 다르다. 부자들과 가난한 사람들, 두 부류를 보고 비교한다면 완전히 다르다. 끝에서부터 시작할 때 우리는 빠르게 가난이라는 덫에서 빠져나와 풍요로운 쪽으로 움직이게 된다. 벤츠를 사고 싶다면 먼저 벤츠를 사라. 벤츠는 안전성, 성공의 상징이다. 삼각별이 달려 있다. 많은 사람들이 벤츠를 타는 것을 로망으로 생각한다. 벤츠를 타게 되면 성공자의 마인드를 느끼게 된다. 선순환 효과를 알게 된다.

사랑받고 싶다면 사랑받는 사람이 되어라. 사랑받지 못하는 사람들은 이기적이며, 권위적이고 까칠하다. 내면 의식이 가난하고, 우울함, 칙칙한 같은 것들이 점철되어 있다. 그래서 다른 사람들이 쉽게 다가가지 않는다. 먼저 자기 자신을 사랑하라. 자신을 아끼고, 특별한 사람으로 인정을 하고 대우를 해줘라. "나는 위대한 사람이다. 앞으로 더 크게 100배, 1,000배, 10,000배 더 크게 성공해! 하나님은 나를 누구보다 사랑해! 하나님과 나는 하나야!" 이런 말을 다른 사람에게 들으려 하기보다는 내가 나 자신에게 먼저 할 수 있어야 한다. 내가 자신에게 할 수 있는 말이 가장 중요하고 임팩트한 말이다. 우주는 이 말에 귀를 기울인다. 사랑받고 싶다면 사랑받는 사람이 되어라."

한 살이라도 젊을 때 빨리 성공해야 한다. 그러면 느긋하게 하고 싶은 것, 갖고 싶은 것, 가고 싶은 곳 등을 다 해보고, 가보고 즐기며 나이가 들어서는 좀 더 편안하고 행복한 삶을 보낼 수 있는 여유가 있을 것이다. 나의 젊은 시절은 나를 돌아보고 자신을 위해 살아봐야겠다는 생각조차도 할 수 없이 일을 해야 생활할 수 있다는 마음만으로 밤낮으로 일을 하는 사람으로 살아왔다. 왜 일찍부터 일을 대신해서 더 빨리 성공할 수 있는 방법이 있다는 것을 깨닫지 못했는지 늦은 시점에 와서야 깨닫게 되었고 후회를 한다. 어느 정도의 혈기와 왕성한 에너지가 있는 시절에 책을 썼더라면 배운 지식대로 책을 통하여 1인 창업, 온라인 마케팅, 유튜브 등 퍼스널브랜딩으로 잘나가는 작가님들처럼 할 수 있으련만 중년이 넘은 나에겐 노트북으로 키보드를 치며 책을 쓰는 일은 처음에 어려웠다. 전혀 해보지 않은 일이었기에 어렵게 느껴졌기 때문이었다. 할 수 있다고 마음먹으면 할 수 있는 일이지만 젊은 사람만큼의 센스와 순발력이 부족한 것은 피할 수 없는 사실이다. 하지만 젊은이보다 더 많은 시련과 고난을 겪으며 살아온 삶의 값진 경험은 최고의 자본이 되었다.

끈기와 성실성, 재능으로 행운을 거머쥔 IT 황제, 스티브 잡스는 이렇게 말했다.

"가장 중요한 것은 용기를 갖는 것이다. 이미 마음과 직관은 무엇을 원하는지 알고 있다."

애플의 창업자 스티브 잡스는 미혼모에게서 태어나 입양되었다. 17세가 될 무렵부터 그는 매일 아침 '인생의 마지막 날이라면 지금 하려는 일을 할 것인가?'를 물었다. 그는 대학을 중퇴하고 좋아하는 것을 공부하고, 사과 농장에서 생활하고, 인도를 여행하는 등 많은 경험을 하기 시작했다. 시간을 허투루 쓰지 않고 계속해서 움직였다. 그러다가 그는 운명처럼 회로기판을 보게 되고 곧 차고에서 '애플'을 설립했다. 스티브 잡스의 끈기와 성실성은 그에게 운을 가져다주었다. 원하는 것, 잘하는 것을 만나는 행운, 또 사업을 시작하고 성공하는 운 말이다.

"곧 죽게 된다는 생각은 인생에서 가장 중요한 선택을 할 때마다 큰 도움이 된다. 사람들의 기대, 자존심, 실패에 대한 두려움 등 거의 모든 것은 죽음 앞에서 무의미해지고 정말 중요한 것만 마지막으로 남기 때문이다."

— 스티브 잡스, 2005, 스탠퍼드대학교 졸업식 연설 중에서.

성공하기 위해선 '이것 아니면 나는 죽는다'는 간절함이 있어야 한다. 소명을 찾을 때 그 간절함으로 성공의 길을 갈 수 있다. 나는 살아오면서 겪은 값진 경험으로 강연을 하고 힘들어서 도움의 말을 듣기 위해 찾는 독자들에게 상담도 해주며, 책으로 인해 나름대로 바쁘고 행복한 삶을 살아가고 있다. 더 일찍 성공했더라면 경제적으로 자유롭고 가족 모두 더 행복하고 즐거운 날들을 보낼 수 있지 않았을까?

학교에서는 직장인을 양성하기 위한 공부를 한다. 커서 하는 공부와는 완전히 다르다. 그래서 우리는 돈 공부, 마음 공부를 통해서 많은 사람들이 직장인이 아니라 1인 사업가가 돼서 창의적이고 자신이 원하고 만들고 싶은 세상을 만들도록 이끌어야 한다.

가장 나다움을 표현할 수 있게 멋진 옷, 멋진 모습, 멋진 내면의 이야기를 나답게 말하고 소통하고 자신이 생각하는 최고의 모습을 보여 줘야 한다. 다른 사람에게 압도적이고 매력 있는 모습으로 뭔가 있다는 것을 보여줘야 한다. 확신과 신념이 성공을 이루게 한다. 1인 창업, 1인 사업가 이제는 무조건 해야 되는 시대다. 마음 수련, 정보 습득, 공부, 계획으로 눈부신 미래가 그려진 상태에서 도전을 하면 성공은 보장되어 있다. 발전과 성장을 하면서 좋은 책들을 많이 접하고, 자본가가 되고, 투자자가 되어야만 돈이 자동으로 불어난다. 정보와 공부가 돈이 된다. 부자들의 세계에는 투자와 루트의 세계가 있다. 자신만의 재테크로 삶의 방향의 마인드를 바꾸지 않으면 성공할 수 없다. 한 살이라도 빨리 성공하라.

04

~~~~~~

거꾸로 살면 젊어진다

~~~~~~

인생은 시간으로 되어 있다. 인생에서 시간을 뺀다면 여러분은 아무 것도 아니다. 우리는 1분 1초를 아껴서 인생을 제대로 만들어가기 위해 노력해야 한다.

시간과 돈과 노력이라는 3가지 요소를 나의 미래를 눈부시게 만드는 데 투입해갈 때 내 주위에는 긍정적이고, 생산적이고, 꿈이 있고, 성공한 사람, 부자들이 함께할 것이며 멋진 사람들이 자연스럽게 함께할 것이다.

지난날 가정을 이루고 가족을 만들며 가족의 구성원으로 책임과 의무의 최선을 다하며 많은 시련과 고난들의 힘든 고비를 넘기며 살아왔다. 덤으로 얻은 값진 경험과 지혜들은 지금 나에게 자산이 되어주고 있다. 그 덕분에 점점 더 발전해가는 삶을 살고 있다. 책을 쓰고 나니 시간이 소중하다는 것을 알게 되었다. 누구나 주어지는 하루의 24시간을 헛되이 보내지 않아야 되겠다는 것을 깨닫게 되었다.

예전의 나는 시간이 나면 TV나 영화를 보며 그냥저냥 무의미하게 시간을 보내는 날들이 전부였다. 그러던 내가 책을 쓰기 시작하면서 변하게 되었다. 조금의 여유 시간을 보내다가도 자신도 모르게 흘러간 시간을 아까워하며 한 줄의 글이라도 더 쓰려고 열중하게 되었다. 나만의 시간을 갖기 위해 더 부지런히 할 일 등을 해놓고 책 쓰기에 집중과 몰입을 하게 되었다. 집안이나 주변이 정리 정돈이 되어 있지 않으면 머릿속이 산만해져서 책을 쓰기에 집중이 되지 않고 시간만 허비하게 된다. 그러다 보니 생동감 있고 탄력 있는 생활 패턴을 찾게 되었고 머릿속으로 생각하고 창조하여 책을 써나가는 일이 한층 더 나를 젊어지게 했다.

늦게나마 시작한 책 쓰기가 나에게 못 해본 공부를 하게 해주었다.

젊은 시절로 돌아가 거꾸로 살며 젊어지는 자신을 느낀다.

평생 더 나은 내일을 위해 살았던 미래학자 피터 드러커는 이렇게 말했다.

"미래를 예측하는 가장 좋은 방법은 미래를 창조하는 것이다."

현대 경영학의 아버지, 피터 드러커는 산업혁명 이후 등장한 '기업'을 정의했고 '경영'이라는 분야를 학문으로 확립했다. 그는 지금껏 당연했던 전제들은 오늘날 쓸모없게 되어버렸다는 말을 한 미래학자로도 유명하다. 그는 피드백 분석으로 유명하다. 하루의 목표와 노력, 성과와 강점과 약점을 분석하고 내일의 삶에 그 결과를 반영하는 것이다.

그는 평생 매일 더 나은 내일을 목표로 살았다. 한 발자국 더 성장하는 인간을 꿈꾸었다. 그의 초점은 과거에 맞춰져 있지 않았다. 오로지 미래에 있었다. 피터 드러커는 '내일' 이외에는 모두 버리라고 강조한다. "경영자는 어떤 시장이 존재하고 어디에 진입하며 어느 영역을 밀고 나가고 무엇을 버릴지 결정해야 한다. 미래를 준비하는 과업을 주어야 어제를 진심으로 버리게 된다."라고 말한다.

『내가 100억 부자가 된 7가지 비밀』에서 김도사는 이렇게 말한다.

"사람들은 나에게 100억 자산가가 된 성공 비법을 알려달라고 말한다. 전화를 걸거나 메일을 보내는 사람들이 많다. 심지어 내가 사는 곳으로 무작정 찾아와 만나달라고 떼를 쓰는 분들도 있다. 내가 그분들에게 입버릇처럼 하는 말이 있다.

하수들은 레드오션에서 개미처럼 피 터지게 살아간다. 하지만 책을 써서 퍼스널브랜딩한 고수들은 여유롭게 스테이크를 자르며 인생을 즐기는 베짱이처럼 살아간다.

레드오션에서 개미처럼 피 터지게 살지 말라는 것이다. 당신은 어떤 인생을 살고 싶은가? 개미인가? 아니면 베짱이인가? 지금보다 멋지고 위대한 인생을 살고 싶다면 자신을 절대 과소 평가하면 안 된다. 주위 사람들이 어떻게 평가하더라도 자신만큼은 스스로를 저평가된 우량주라고 여겨야 한다고 말한다."

지금은 4차 산업혁명 시대다. 보이지 않는 물건을 사고파는 시대가 도래했다. 우리는 지식과 경험과 나만의 지혜가 있다. 그것을 책에 담아 펴내고 내 책을 읽은 사람들을 대상으로 코칭을 하고, 컨설팅을 하고, 강연을 하며, 사업을 펼쳐야 한다. 나폴레온 힐, 데일 카네기 등 많은 사람들이 그렇게 하고 있다. 부자가 되기 위해선 굳이 대학 학위가 필요하지 않다. 억만장자들 가운데 고등학교 중퇴자, 대학교를 나오지 않은 사람들은 헤아릴 수 없이 많다. 스티븐 스필버그, 스티브 잡스, 리처드 브랜슨, 마이클 델, 빌 게이츠 등은 확고한 신념과 끈기로 억만장자가 되었다.

그렇다. 자신 스스로를 높여 평가하지 않으면 의식이 낮아져서 더 성장하는 삶을 살아가지 못한다. 의식 수준을 높이고 발전해갈 때 더 나은 미래를 맞이하게 될 것이다. 늦었다고 할 때가 가장 빠른 시점이다. 김도사님의 "끝에서부터 시작하라."는 말과 "성공해서 책을 쓰는 것이 아니라 책을 써야 성공한다."라는 말에서 보이지 않던 꿈이 명확해졌다. 삶에 우선순위를 정하게 됐고, 학벌을 위해 공부를 하지 않아도 된다는 등의 문구에서 자식들에게 삶의 지혜를 유산으로 물려줄 수 있다는 것이 가슴에 와닿는다. 자녀를 키우고 계신 분들은 이 부분에서 동의할 것이라 믿는다. 그리고 위대한 사람은 자신을 세상에 드러내는 법을 안다. '이루고 싶고 원하는 바를 긍정적인 마인드로 상상하라. 긍정적 결과형으로 말하라.' 등 주옥 같은 말에서 힘과 용기를 얻을 수 있다. 내 경험의 창조자는 나 자신이다. 자신의 경험을 창조해 내는 창조자로서 자신이 알아야 할 분명한 사실은 자신의 행동이나 말을 통해서 창조하는 게 아니라 생각을 통해서 창조한다는 사실이다. 지나온 삶의 경험과 지혜를 거꾸로 거슬러 올라가 생각하여 창조하는 것이 자신을 젊어지게 만들고 새로운 것을 창조함으로 정신력과 강한 자신감을 갖게 한다.

젊어서 못 해본 공부를 늦은 나이에 원 없이 하고 있다. 이렇게 책 쓰기에 집중하는 나를 보고 아이들은 말한다. 엄마가 공부를 해야 할 시기에 그렇게 열심히 공부를 했다면 석사, 박사는 되고도 남았겠다고, 대단한 열정을 갖고 있다고 말한다. 나는 지금의 책 쓰는 일이 나에겐 간절히 원했던 공부라서 최선을 다하는 것이라고 말해준다. 나에겐 내세울 만한 자랑거리도 없다. 다만 일찍부터 겪어야 했던 시련과 고난들을 딛고 일어선 삶의 경험담과 가난한 환경 속에서 삼형제 아이들을 남편과 더불어 슬기롭게 키워온 내력이 내 인생의 이력이다. 그러나 이제라도 자신이 하고 싶었던 일, 꿈으로만 간직하고 있었던 것을 펼쳐놓을 수 있다는 것이 꿈만 같다. 그래서 더더욱 간절한 마음으로 할 수 있는 노력을 다 쏟아놓는다.

책가방을 들고 공부는 많이 못 해봤지만 지금 나는 젊은 나로 돌아간 듯한 마음으로 열심히 작가 공부를 하고 있다. '한책협'의 선후배 많은 작가님들이 모두 열심히 책을 쓰고 1인 창업을 개설하여 창업 활동을 하며 모든 분이 직장생활을 병행하면서도 열정적으로 책을 쓰고 활발한 활동을 하고 있다. 대단한 분들이 많다. 앞서 성공한 길을 가는 분들이 허다하다. 자기 계발을 하여 자신 있게 성공한 삶을 살아가고 있다. 그리고 보면 나이가 많은 분들 중에도 나이를 생각하지 못할 만큼 젊은 사람 못지않게 왕성하게 여러 가지 활동을 하며 남들이 부러워하는 삶을 살아가는 사람들이 수두룩하다. 이렇게 스스로 의식을 높여가며 발전하는 삶을 통해 젊어지는 인생을 살 수 있는 것이다.

05

××××××××××××××××××××××××××××××××××××××

지금 시작해도 늦지 않았다

××××××××××××××××××××××××××××××××××××××

그랜드마 모지스는 노년에 이르러서야 자신의 예술적 재능을 발견했다. 그녀는 75세에 그림을 배우기 시작했고, 80세에 첫 전시회를 열었다. 이처럼 인생의 가치는 '무엇을 얼마나 해보았고 언제 시작했느냐'보다 '진정으로 가치 있는 일에 꿈을 꾸고 열정으로 임할 수 있느냐'에 달려 있다.

어느새 중년을 넘긴 나이가 되었다. 누군가는 늦었다고 말하지만 나는 꿈을 꾸고 배우며 목표를 향해 달리고 있다. 남들이 하는 말처럼 꿈을 꾸기에, 무언가를 다시 시작하기에 늦었다고 생각하지 않는다. 나의 꿈을 이루는 것은 지금 시작해도 늦지 않다. 아직도 꿈을 이루려고 하는 생각 근처에도 가보지 않은 사람들도 많다. 그럼에도 나는 꿈의 일부를 이루었고, 더 큰 꿈을 이루기 위해 오늘도 나를 위한 시간 속에서 고군분투하고 있다. 더 이상 후회하지 않는 삶을 살기 위해서 젊은 사람들보다 더 많이 배우고 노력하고 앞으로 남은 내 인생의 단단한 주춧돌을 쌓으며 어느 누구에게도 기대지 않기 위해 나 스스로 멋진 미래의 집을 조금씩 만들어가고 있는 것이다. '시작이 반이다.'라는 말은 나를 두고 하는 말인 것 같다. 책을 쓴다는 다짐을 하고 어떻게 책을 쓸 수 있을지에 대한 걱정과 근심으로 머리를 쥐어짜며 고민했던 날들이 얼마 전이었던 것 같은데 어느새 내 책이 출간되어 세상 곳곳을 다니며 나를 대신해서 쉬지 않고 일하고 있다.

내 인생에서 남은 시간들을 충만하게 살기 위한 거름을 뿌리고 기름진 옥토를 만들어 알찬 열매를 맺기 위해 값진 씨앗을 심는다. 수시로 잡초를 걷어내고 정성스럽게 가꾸어 튼튼한 결실을 이루어낼 것이다. 부모, 형제, 가족에게 사랑을 보답하는 일이다. 며칠 전 가깝게 지내는 친구들의 만남이 있었다. 사회에서 만난 친구들이지만 같은 나이 또래의 친구들이다 보니 비슷한 고민을 하고 있었다. 친구들은 거의 직장을 다니고 있다. 그러면서도 어떻게 하면 직장을 다니지 않고 잘살 수 있을지를 주된 고민거리로 가지고 있었다. 당장이라도 그만두고 싶은, 견디기 힘든 상황에서도 그만두지 못하며 직장 생활을 하고 있다고 한다. 직장을 그만두면 당장 생활하는 데 힘든 현실이기 때문이다. 직장을 그만두고 다른 직업을 대체할 준비를 해놓지 않았기에 할 수 없이 휴일을 기다리고, 월급을 바라보며, 퇴직금을 만들어가면서 현대판 노예로 산다고 한다.

그런 친구들은 나를 부러워한다. 작가가 되고 지금도 책을 쓰고 있는 나에게 최고로 잘한 선택이라고 한다. 멋지고 대단하다고 한다. 책 쓰는 기술이 없어서 못 쓴다고 하며 가르쳐줄 수 있느냐고도 묻는다. 중년을 넘게 살아온 친구들이다 보니 다른 직업을 선택하기도 어려운 실정이고, 창업을 한다는 것도 불안하고, 그렇다고 어떤 특별한 재주가 있지도 않으니 하기 싫은 직장 생활을 어쩔 수 없이 할 수밖에 없는 현실인 것이다. 나는 친구들을 위로하며 아직 늦지 않았다고, 나를 본보기로 삼아서 할 수 있다는 생각을 가지고 새로운 것에 도전해보라고, 100세 시대인 현실에서 아직도 해야 할 일과 할 수 있는 일은 많다고, 지금 시작해도 늦지 않았다고 말해주며 용기를 잃지 말자고 말해준다. 하지만 다른 뭔가를 찾아서 새롭게 도전한다는 것이 두려움으로 다가오기 때문에 현재의 직업에서 벗어날 수 없는 것이다. 직장이라는 사슬에서 벗어나 자신이 좋아하고 하고 싶은 것을 하게 된다면 마음에서 우러나오는 열정을 쏟아 최선을 다할 것이고 직장에서 받는 월급보다 더 많은 수입을 올릴 수 있는데 우선 해보지도 않고 걱정과 두려움으로 현실에 얽매여 살고 있다.

늘 하던 대로 습관화되어버린 일상에서 안주하려는 마음으로 하루하루 금쪽같은 시간을 내 것이 아닌 상대방의 이익을 위해 현대판 노예로 살아가고 있는 것이다. 확고한 꿈을 가지고 있음에도 나아가지 못하고 있다면 방법이 잘못된 것이다. 그리고 그 사실을 알게 되었다면 지금 시작해도 늦지 않았다는 것을 깨닫고 지금까지의 사고방식, 말하는 습관, 행동 습관 등 자신을 겸허히 내려놓고 성공한 사람들의 체험에서 우러나오는 성공 비결을 배우기 위해 노력해야 한다. 자신이 가고자 하는 곳에 이미 도착한 사람들의 조언이나 비결을 받아들이고 나의 것으로 기회를 얻어 실천해야 한다. 그 과정에서 시련과 고난이 없을 수는 없지만 시간과 노력을 줄일 수 있다. 그 이유는 성공한 사람의 발자취를 따라간다는 것은 거인의 어깨를 타고 걸어가는 것과 마찬가지이기 때문이다.

시련에 굴하지 않고 나아가 새로 시작한 예술가 석창우 화백의 이야기다.

"두 팔 멀쩡한 전기 관리자로 일할 때보다 하고 싶은 일을 하면서 의수 화백으로 사는 지금이 더 행복합니다."

2014년 소치 동계올림픽 폐막식에서 의수에 붓을 끼우고 세로 8m 56cm, 가로 2m 10cm 화선지에 수묵 크로키 퍼포먼스를 펼친 석창우 화백, 그는 수묵 크로키의 창시자다. 그는 젊은 시절 전기기술자로 일하다가 2만 900볼트 감전 사고를 당했다. 12번의 수술을 견뎠지만 두 팔과 두 발가락을 잃었다. 그러나 절망에 빠지는 대신 '두 팔 없이도 할 수 있는 일'을 찾았다. 그것이 그림이었다. 수많은 미술학원에서 거절당했으나 포기하지 않았다. 그는 지금도 매일 빠짐없이, 온몸을 써서 10시간씩 그리거나 쓴다. 그의 낙관은 두 발가락이 없는 발이다.

석창우 화백은 사고를 시련이라고 생각하지 않았다. 부족하거나 늦었다고 멈춰서지 않았다. 그는 바로 지금 할 수 있는 것을 찾아 최선을 다했고, 결국 인생의 절정기를 맞았다.

"자신에게 주어진 상태에서 내가 할 수 있는 것을 찾는 게 가장 좋다고 생각해요."

이런 분에게 나는 부끄럽다고 생각한다. 훨씬 더 많은 것을 가지고 있지 않은가? 그럼에도 얼마든지 할 수 있는 것들을 스스로 포기하고 뒤처진 삶을 살아왔다. 그리고 후회하고 자책하는 일도 많았다. 어느 날 나 자신을 돌아보니 나는 허수아비에 불과한 속 빈 강정이었다. 이대로 살 수만은 없었다. 고생으로 얼룩진 지난날의 보상이라도 받아야 겠다는 생각이 들어 나 자신의 삶을 찾기 시작했다. 비록 늦은 나이라고 말하겠지만 난 자신에게 늦지 않았다고, 지금부터 시작해도 늦지 않는다고 각인시키며 새로운 인생 2막의 빗장을 걷어 올리고 하루도 지체하지 않고 조금씩 성장해가는 나를 만들어가고 있다.

『퇴근 후 2시간』의 저자 정기룡 작가는 경찰서장으로 정년퇴직했다.

그는 현직에 있을 때 이미 빵, 떡, 쵸콜릿, 두부 만드는 법을 배웠다. 그러나 그중 한 가지도 퇴직 후에 할 수 있는 것은 없었다. 그래서 다시 도전했다. 강사학교에 간 것이다. 그리고 그는 드디어 잘 맞는 일을 찾아 프리랜서 강연자로 즐겁고 행복한 은퇴 후의 삶을 보내고 있다. 실패만 한 것으로 보이던 빵, 떡 등에 쏟아부었던 시간은 그의 강연에서 훌륭한 재료로 거듭나고 있다.

이 사례를 보면 자신이 좋아하는 것, 잘하는 것, 하고 싶은 것, 적성과 특기가 있다고 해서 이것이 곧 직업으로 연결되지는 않는다는 것을 알 수 있다. 직업이 되기 위해서는 더 많은 정성과 노력이 필요하다. 그리고 지금 시작해도 늦지 않았다. 계속 찾아나서야 한다.

06

눈 깜박할 사이 인생 늦깎이

인생의 모든 단계와 연령은 저마다 중요한 가치를 가진다. 시간을 움켜쥐고 열심히 하루를 사는 사람이 지혜로운 자라고 할 수 있다.

20대 초반에 부모님 곁을 떠나 타지에서 생활한 지 어느덧 수십 년이 흘러갔다. 사회 경험이 적은 탓으로 사람 볼 줄 아는 견문이 넓지 못해 생각조차도 할 수 없을 만큼 커다란 빚을 지게 됐고 빚을 갚아야 하는 세월로 꽃다운 청춘이 어떻게 흘러가는지조차도 모르는 세월을 보냈다. 좌절하며 스스로 삶과 단절을 하고자 죽음의 문턱에까지 가기도 했다. 희망을 잃고 사는 것에 대한 의미마저도 없었다.

　어느 누구 하나 의지할 곳이 없을 때 남편을 만나 가정을 이루고 새로운 삶 속에서 남편과 합심하여 빚을 갚으며, 하나둘씩 태어나는 아이들을 돌보며 살아가던 중에 남편의 선배인 사람의 권유로 대출금을 받아 선배와 동업으로 시작한 사업이 실패하여 또다시 큰 빚을 지게 되었다. 엄청난 큰 시련이 현실이었다. 가진 것이라곤 삼형제 아이들과 남편, 나 5명의 가족뿐이었다. 아이들은 어리고 일을 할 수 있는 여건도 주어지질 않았다. 첫돌이 지난 막내를 등에 업고 가사도우미를 하여 받은 적은 돈으로 생계를 꾸려가야 했다. 그때의 심정은 한 달에 30만 원만 있어도 살 수 있을 것 같은 절박한 심정이었다.

　이제는 혼자의 몸이 아니라, 삶의 끝자락도 감히 생각할 수 있는 용납도 되지 않았다. 살아가야 했다. 아니 살아갈 방법을 찾아야 했다. 연년생인 두 아들과 엄마 품에서 떨어지지 않으려고 울며 매달리는 19개월 된 막내아들을 어린이집에 맡겨놓고 찾았던 일이 식당에 서빙을 하는 일이었다. 아무런 준비 없이 살기 위해 찾은 첫 번째 식당일이

20년 가까이 지속되었다. 다른 직업을 선택해도 식당에 관한 일이 중심을 이루었다. 눈 깜박할 사이 인생 늦깎이가 돼서야 무슨 일이든 첫 번째 선택이 삶에 큰 영향을 준다는 사실을 깨달을 수 있었다. 하루 절반을 넘는 시간 동안 식당일을 하고 어린 삼형제 아이들에게 가장 엄마 손이 필요할 때 이웃 할머니의 도움과 남편의 돌봄으로 대신하며 밤늦게 돌아와 잠들어 있는 모습을 보고 가슴이 아려오는 아픔을 느껴야 했다. 지금도 그때의 날들을 생각하면 가슴이 아파온다. 그런 아픔의 날을 견디며 인성이 바르고 건강하게 잘 자라준 아이들에게 고맙고 감사하다.

아침마다 찾아오는 대부업자를 피하기 위해 어린아이들을 데리고 교회를 피난처로 삼아 피해 있었던 일, 막내아들을 등에 업고 끊어질 듯한 허리의 아픈 고통을 참으며 가사도우미 일을 했던 일, 어린이집에 들어서기가 무섭게 엄마 품에서 떨어질 것이 두려워서 울던 막내아들의 몸부림을 뿌리치고 흐르는 눈물을 남들이 볼까 봐 고개를 하늘을 향해 들며 출근길을 걸어갔던 가슴 아픈 날들, 밤을 낮 삼아 일하던 노래방 영업, 고요한 새벽길을 걸어오며 울며불며 하나님께 하소연하던 일 등을 돌아보며 그렇게 힘들었던 날들을 어떻게 견디며 살아왔는지

만약 지금 다시 그때로 돌아간다면 살아내지 못했을 것 같은 생각이 든다. 그럼에도 하루가 지겹도록 힘들었던 세월이 눈 깜박할 사이 인생 늦깎이가 된 나를 만난다. 위기는 곧 기회라고 한다. 코로나19의 여파는 직장 생활이 힘든 인생 늦깎이가 된 나에게 새로운 인생 재테크의 길을 열어주었다.

연년생인 두 아들이 중학교에 들어가자마자 서클에서 리더 역할을 하기 위해 벌였던 주먹 싸움으로 하루가 멀다시피 학교에 불려가서 피해 입은 학생 부모님에게 사과를 하고 용서를 구했던 일, 고등학생이 되면서 남자만의 사춘기를 자랑이라도 하려는 듯이 오토바이 열풍에 휩쓸려 달리는 속력을 즐기다가 큰 교통사고를 내서 심장이 멎을 것 같은 충격과 금전의 피해를 입었던 일, 남편 모르게 사고 수습을 하기 위해 일을 하는 곳으로 피해 입은 상대방을 오도록 해서 처리했던 일 등 삼형제 아들을 키우면서 정신적, 금전적, 육체적으로 힘들었지만 그러면서 용기와 지혜, 폭넓은 사랑을 할 줄 아는 엄마가 되었다.

과격한 사춘기를 보냈던 두 아들은 요즘 한자리에 모이면 자랑이라도 되는 듯이 그때의 일들을 이야기하며 웃음꽃을 피운다. 심장이 멎는 듯했던 엄마인 나의 아픔은 그냥 내 몫일 뿐이었다. 큰 교통사고를 당했음에도 살아 있는 것에 감사하며 가슴을 쓸어내리곤 했다. 내가 겪었던 아픔을 아랑곳하지 않는 것 같아 보일 뿐이지만 마음속으로 크게 반성하고 있다는 것을 알고 있다. 그 이후 두 아들은 오토바이를 더 이상 타지 않았다. 나도 오토바이 소리에 귀 기울이며 가슴을 졸이지 않게 되었다.

험난한 사춘기를 보냈던 두 아들은 군에 입대를 하고 특출한 체력과 뛰어난 리더십을 칭찬받으며 훌륭한 군인으로 군 복무를 무사히 마치고 사회인으로 각각의 본분에 맞는 일을 찾아 성과를 이루며 뛰어난 재주를 발휘해 성공을 이루어가고 있다. 그렇게 우여곡절을 겪었던 사춘기로 힘들게 했던 아이들이 성장하여 이제는 의젓한 사회인으로 보람과 행복과 기쁨을 안겨주고 있다. 남은 것은 다가올 내 인생을 준비해가는 일뿐이다. 눈 깜박할 사이에 인생 늦깎이가 되어서야 찾게 된 삶의 길인 것이다.

한 치 앞도 돌아보지 못한 채 젊음을 불사르고 나 자신의 미래의 삶은 생각조차도 해볼 수 없는 세월을 수없이 보냈다. 이렇게 늦게야 자신의 삶을 돌아보게 되었다. 하나님이 내 인생을 멋지게 연출해놓으신 이유를 알 것 같다. 그동안 힘든 시련과 고난 속에서도 잘 견디며 살아온 결과 튼튼한 가정을 이루었고 듬직한 삼형제 아이들과 남편의 응원에 힘을 얻어 이제는 나만을 위해서 살 수 있는 시간을 갖게 된 것이다.

미국의 대표 동화작가이자 동화 같은 삶을 살다 간 타샤 튜더의 말이다.

"나는 정원을 어떻게 가꿀지 확고한 계획을 가지고 있었다. 씨앗을 사러 가도 정원사의 말에는 귀를 기울이지 않았다. 내가 바라는 것이 무엇인지 가장 확실하게 알고 있는 사람은 바로 '나'이기 때문이다. 내가 바라지 않는 것을 확실하게 아는 사람 역시 바로 '나'다."

자신에 대해 가장 잘 아는 사람은 타샤 튜더의 말처럼 바로 '나' 자신이다. 내가 무엇을 간절히 원하는지, 어떤 일을 하고 싶어 하는지, 어떤 강점과 약점이 있는지 누구보다 나 자신이 잘 알고 있다. 따라서 꿈을 이루거나 성공하는 방법 역시 알고 있다. 내가 하고자 하는 일, 내가 꿈꿔왔던 일, 내 가슴이 시키는 일을 해나가야 한다. 이제는 자신만을 위해 사는 삶에서 어느 때보다도 더 잘할 수 있다는 믿음과 확신을 갖는다. 자신이 원하던 소망을 이루는 일에 전념할 수 있는 것에 감사하며 행복한 마음으로 최선을 다해 새로운 인생의 재테크를 한다.

"어려서 배우면 커서 이루는 것이 있고, 커서 배우면 늙어도 쇠하지 않으며, 늙어서 배우면 죽어도 썩지 않는다."

90세를 넘어서도 변함없이 현역으로 활동하고 있는 일본 작가 도야마 시게히코가 쓴 『자네 늙어봤나 나는 젊어 봤네』에 나오는 내용이다. 이 글은 그가 직접 쓴 것은 아니고, 사토 잇사이라는 유학자가 『언지사록』이라는 수상록에서 남긴 말이라고 한다.

책에서 저자는 '늙어서 배우면 죽어서 썩지 않는다'는 말이 참으로 멋지다고 서술하고 있다. 이는 우리에게도 많은 것을 시사한다. 보통 나이가 많으면 늙었다고 생각하고 더는 배우려 하지 않는다. 배움은 젊은이들의 특권이라 생각하기도 한다. 아니다, 그렇지 않다. 늙어서도 배움을 계속한다면 늙지 않는 것이다. 눈 깜박할 사이 인생 늦깎이가 되었지만 나는 꿈을 잃지 않고 꿈을 이루기 위해 배움의 끈을 놓지 않았다. 늦게라도 꿈을 찾아가는 사람은 수없이 많다.

또 다른 목표를 세우거나 새로운 꿈을 꾸기에 너무 늙은 나이란 있을 수 없다.

- 레스 브라운

07

젊은 시절을 헛되이 보내지 마라

나는 항상 오늘을 산다. 내일 저녁엔 모든 것이 변할 수 있기 때문이다.

— 안젤리나 졸리

한 살이라도 젊을 때 성공해야 한다. 젊음이 있어야 인생을 즐긴다. 인생 절반을 살아보니 젊음이 얼마나 소중한 것인지를 알 수 있었다. 그날그날 살기 바빠서 젊은 시절이 어떻게 흘러갔는지도 모르고 흘려

보냈다. 삼형제 아이들에게 늘 하던 말이 떠오른다. 시간을 잃으면 모든 것을 잃는 것이라고, 항상 젊은 시절이 곁에 있는 것이 아니라고, 성공한 뒤에 얼마든지 즐길 수 있는 시간은 주어진다고 말해주었다. 힘들게 젊은 날을 살아온 나였기에 더없이 소중하게 느껴지는 젊음을 헛되이 보내게 할 수는 없는 일이었다. 한 살이라도 젊을 때 성공해서 더 많이 행복하고 즐겁게 사는 모습을 아이들이 보여주길 바라는 마음에서 주입시킨 말이었다. 사는 것이 바빠서 성공할 수 있는 길을 생각조차 못 해보고 사는 대로 사느라 고생의 반복인 세월을 보냈고 제대로 행복하고 즐기며 살아보지 못한 것이 후회되었기 때문이다.

하루 24시간은 누구에게나 주어진다. 그 시간을 얼마나 내 것으로 만들어 꿈을 향해, 목표를 향해 가느냐, 그렇지 않느냐에 따라 성공자와 낙오자로 결론지어질 것이다. 젊음은 즐기라고 있는 것이 아니다. 물론 친구들과 어울려 여러 가지 취미활동과 각종 맛있는 음식에 술을 나누며 만남을 즐기는 즐거움도 있어야 한다. 그러나 아무런 목적도, 꿈도, 계획도, 목표도 없이 젊은 시절을 즐기는 일로 허송세월을 보낸다면 얼마 지나지 않아 주위에는 똑같은 레벨의 사람만이 남아 있을 것이다. 젊은 시절 즐겼던 친구들은 한때의 친구일 뿐이다. 내가 성공하는 것을 친구가 대신 이루어주지 않는다. 같이 즐겼던 친구 중에 끝까지 가는 소중한 친구는 소수에 불과할 것이다. 젊은이일수록 꿈을 크게 가지고 인생에 꼭 필요한 욕망을 가져야 한다. 욕망은 사람이 가진 가장 아름다운 선물이라고 한다. 욕망이 있어야 추진력이 생기고 그 추진력을 통해서 더 할 수 있는 목표 설정이 가능하기 때문에 욕망이 성공을 위해서는 꼭 필요한 것이다.

청년 실업난이 갈수록 심해지고 있다. 이런 분위기 속에서 예전에 한 신문에서 한 대학생이 연 매출 6억 원의 김치 CEO로 변신해 화제가 되고 있다는 기사를 본 적이 있다. 주인공은 건국대 전기공학과 3학년에 재학 중이였던 노광철 씨다. 그는 기사에서 이렇게 말했다.

"군대 시절 우연히 본 신문 기사 하나가 제 인생에 길을 열어주었다."

그가 처음 김치 사업에 관심을 갖게 된 것은 군 복무 중이던 2008년의 어느 날이었다. 우연히 부대 안 도서관에서 신문 한쪽 면에 난 청년 실업률 기사와 다른 한쪽 면에 난, 중국산 김치를 한국산으로 속여

판 사람들이 경찰에 적발되었다는 소식을 접하고부터다. 그 후 그는 누구나 안심하고 먹을 수 있는 김치를 만들어 팔겠다고 결심했다. 이후 제대할 때까지 1년여 동안 취사병에게 김치 담그는 방법을 배우는가 하면 인터넷을 활용해 김치 발효 유산균을 공부했다. 그는 제대 후 집 근처 작은 상가에 가게를 차렸다. 그동안 사회 경험이 없었던 터라 많은 어려움이 있었다. 그러나 그는 어려움을 하나씩 극복해나갔다. 그 결과 지금은 연 매출 6억 원의 김치 제조업체를 운영하는 '대학생 CEO'가 되었다.

사람들은 누구나 많은 돈을 벌고 많은 명예를 얻는 일에 가치를 둔다. 하지만 그는 세상을 변화시키는 일을 하고 싶어 했다. 단시간 안에 큰 성장을 이룬다는 것이 정말 대단하다. 쉽지 않았지만 인생이라는 김치를 잘 담근 것이다. 어려운 좌절이 와도 항상 희망과 행복을 꿈꾸면 이겨내지 못하는 좌절은 없다는 것을 알아야 한다. 대학생 신분으로 김치 가게를 차린 그에게 얼마나 많은 어려움이 따랐을까 생각해볼 필요가 있다. 그럼에도 그가 성공할 수 있었던 것은 자신의 전부를 걸었기 때문이다. '이거 아니면 나는 죽는다'는 절박함이 있었기 때문이다. 그렇다. 젊은 시절을 헛되이 보내지 않고 꾸준히 노력한 결과 성공을 이룬 것이다. 물론 때로 전부를 걸더라도 무참히 깨지곤 한다. 그렇더라도 그동안의 과정이 수포로 돌아가지는 않는다. 목적하는 바를 성취하기 위해 나아가는 과정에서 결코 돈으로 살 수 없는 교훈을 얻기 때문이다. 실패하고 넘어지는 것도 젊음의 특권이다. 괴테의 말을 참고해보자.

"청춘도 언젠가는 나이가 든다. 관대해지려면 나이를 먹으면 된다. 그 어떤 잘못을 봐도 모두 자신이 저지를 뻔했던 것이기 때문에 용서할 수 있게 된다."

젊음이 있기에 꿈을 향해 전부를 걸 수 있고, 실패하고, 넘어져도 용서가 된다. 젊은 시절을 헛되이 보내지 말고 하고 싶은 것, 이루고 싶은 꿈에 목적을 두고 죽을힘을 다해 매달려보라. 한 살이라도 빨리 성공하여 젊음으로 인생을 즐겨야 한다.

『부자의 언어』는 자수성가로 백만장자가 된 아빠가 20대 아들을 위해 쓴 책으로 부자가 되는 방법을 묻는 아들에게 아빠가 자신의 실제 경험에서 얻은 부의 원칙들을 들려주고 있다. 총 3년간 쓴 기록인 이 책에서는 잔소리나 일장 연설 혹은 충고나 자랑처럼 들리지 않기 위해 고심한 저자의 세심한 배려가 돋보인다. 20~30대 사회초년생은 물론 삶의 기준을 세우려는 모든 사람이 공감할 수 있고, 현재 삶에서 단단한 부를 일구고 싶은 사람들, 혹은 자식에게 부자의 태도를 물려주고 싶은 사람들이라면 이 책이 도움이 될 것이다.

'부자의 원칙 4'에서 자기만의 선을 과감히 뛰어넘으라는 내용이 있다. '뛰어남'은 일정한 특성이 두드러지게 드러나는 것이다. 눈에 띄는 이렇다 할 만한 자질이 없다면, 그리고 눈에 띄는 것이 싫다면, 그냥 그런 삶을 살아간다. 그저 직업을 유지하고, 새로운 기회를 잡지 않고, 승진에서 누락되는, 그저 그런 삶이다. 결국, 희망은 사라지고 성공을 점점 포기하게 된다. 그런데 그러하길 원하지 않는다면, 목적지에 도착했어도 더 멀리까지 가야 한다. 지금까지 한 것에 대해 모두의 예상보다 조금 더 많이 하고, 예상보다 더 오래 일하는 것이다. 사람들은 모두 자기 안에 일정한 선을 지니고 있다. 그 선 안에서 살아가는 사람과 그 선을 뛰어넘으려는 사람 중 누가 더 나은 결과에 다다를 수 있을까?

기업가 세스고딘은 이렇게 말했다.

"당연히 뛰어난 일들은 주목받게 되어 있다. 스스로 만족할 만큼 뛰어넘는 일을 만들어내고 있는가? 그렇지 않다면 당신은 평균적인 사람이다." 우리는 뛰어난 사람이 되든지, 그렇지 않으면 대체 가능한 사람이 되어야 한다. 모두의 기대를 충족하기만 하면 그저 생활비를 벌어 생계를 이어갈 수 있지만 모두의 예상과 기대를 뛰어넘으면, 특히 자기 안의 선을 뛰어넘으면 부와 성공을 얻게 되는 것이다. 교황 바오로 6세가 말했듯이 '우리는 태어나는 순간부터 죽어가는 존재'다. 원하는 게 무엇인지 지금 당장 해야 한다. 『부자의 언어』의 서문을 쓴 존 리 대표는 "물고기 한 마리를 잡아주면 하루를 살 수 있지만 물고기 잡는 방법을 알려주면 평생 먹고살 수 있다. 이 책은 물고기를 잡는 법을 알려주는 책이다."라고 말했다.

이렇듯이 젊은 시절을 헛되이 보내지 말고 젊었을 때 성공하여 평생 행복을 누리며 살기 바란다.

08

스펙 없이도 작가가 됐다

최상의 행복은 1년을 마무리할 때에 연초 때의 자신보다 더 나아졌다고 느끼는 것이다.

– 레프 톨스토이

여러분의 버킷리스트 목록은 몇 개인가? 내가 가진 버킷리스트의 목록은 목록대로 이루었고 이루어가고 있는 진행형이다. 인생 절반을 살아오는 동안 소원했던 버킷리스트의 목록은 거의 다 이루어졌다.

종이에 적어 잘 보이는 곳에 붙여놓고 수시로 읽고 되새겼던 소망들이 세월이 흐른 뒤에 돌아보니 모두 이루어졌던 것이다. 공부를 해야 할 시기에 가난했던 가정형편으로 공부보다 돈 벌이를 해야 했다. 모든 것은 목적에 맞춰서 해야 하는 시기가 있다. 물론 마음만 먹으면 할 수 있는 일이라고 하지만 시기를 놓치고 스스로 공부에 전념하기란 말처럼 쉬운 일은 아니다. 환경이 갖춰지지 않으면 어려운 일이었다. 시련과 고난들이 이어졌던 날들 속에서 꿈도 많았고 재주꾼이었던 나의 어린 시절의 야망들은 속절없이 사라져버리고 말았다. 그렇게 흘려보냈던 학창 시절은 가슴속의 그리움으로 남아 지금에 와서야 살아온 인생 경험을 자본으로 삼아 책을 쓰게 되었다.

배워서라도 내 이름으로 된 책을 써라. 책은 학력, 스펙이 없어도 나의 자존감을 높여준다. 하버드 대학교의 로빈 워드 교수가 하버드를 졸업한 40대 1,600명에게 물었다.

"하버드에 다니면서 어떤 수업이 가장 도움이 되었나요?"라는 질문에 응답자의 90% 이상이 '글쓰기 수업'이라고 답하였다. 그만큼 대부분의 사람은 글쓰기가 두려운 것이다. 그런데 하버드 대학교에서는 글쓰기를 중점적으로 가르치고 있다.

유튜브 〈김도사TV〉에서 이렇게 말한다.

우리는 살다 보면 나도 모르게 어떤 순간에 글을 써야 하는 상황에 놓이게 된다. 이때 자신의 능력을 인정받게 될 수도 있고 그렇지 않을 수도 있다. 어떤 글이든 6가지 공식을 개입을 하면 쉽게 쓸 수 있다.

1. 비슷한 주제의 책과 칼럼을 읽어보며 감을 익혀라.

  쓰려고 하는 주제에 맞는 느낌을 본다. 내용이나 칼럼을 본다.

  글을 쓸 때는 자신감이 있어야 한다.

2. 꼭지 제목의 의미를 충분히 생각한 후 글감(재료, 내용)을 찾아라.

  2~3개 글감을 찾아라.

3. 독자가 초등학교 고학년이라고 생각하고 써라.

  독자를 먼저 고려한 배려가 들어가야 쉽고 좋은 글을 쓸 수 있다.

4. 문장을 간결, 명확, 구체적으로 써라.

5. 문장을 잘 쓰려하기보다 내용을 잘 전달하기 위해 애써라.

  경험을 잘 전달하라.

6. 문단을 만들고 큰 문단은 잘게 나누어라.

   문단을 간결하고 예쁘게 만들어라.

자신을 믿고 끝내 꿈을 쟁취한 위대한 작가 헤르만 헤세는 이렇게 말했다.

"사람은 거북이처럼 철저하게 자기 자신 속으로 기어들어갈 수 있어야 해."

『데미안』의 한 구절이다. 헤르만 헤세는 작품을 통해 자아를 실현했다. 목사인 아버지와 신학계 집안의 신실한 어머니 밑에서 자랐다. 그는 자신이 작가가 될 것이라고 굳게 믿었다. 집안의 강요로 신학교에 입학하지만 시인이라는 꿈을 향한 갈망을 접지 않았다. 그는 자살까지 시도하며 격렬하게 반항하다가 결국 자퇴했다. 그 후 그는 '시인이 아니라면 아무것도 되지 않겠다'고 결심하고, 오랜 염원이던 작가의 삶을 펼치기 시작한다. 결국 그는 『데미안』, 『수레바퀴 아래서』, 『싯다르타』 등의 작품을 내놓으며 위대한 작가로 남았다.

헤르만 헤세는 자아실현을 위해 부단히 노력했다. 자신이 그렇게 될 수 있을 것이라고 믿었고, 자신을 둘러싼 세계와 싸워 쟁취했다. 그리고 "사람의 진정한 직업은 자신에게 가는 길을 찾는 것이다."라고 말한다.

코로나19의 여파로 사회생활이 어려워졌고 오랜 세월 일만 했던 내가 새로운 인생 재테크의 길로 처음 책을 쓰기 위해 생각을 바꾸었을 때 남편이나 아이들이 일만 했던 사람이 무슨 책을 쓸 거냐고 말도 안 된다는 듯이 내가 할 일이 아니라며 등한시했다. 그러나 나는 상상 속에서 이미 책을 쓴 작가가 되어 있었다. 하고 있던 일이 몸에서 거부감을 느낄 때 하나님께 매달렸다. 내가 원하는 일을 할 수 있게 해달라고 간절히 기도드렸다. 그러던 어느 날 오래전에 책을 쓸 거라는 꿈을 가슴 한쪽에 간직해둔 기억이 나에게 불을 지피게 했다. 꿈을 꾸면 이루어진다는 말이 현실이 되었다. 하나님께서 나의 꿈을 이루기 위해 준비해놓으신 계획이었다. 책을 쓰기 위한 스펙이나 지식이 없던 내가 '한책협'의 책 쓰기 과정에 등록하고 김도사님께 배워가며 책 쓰기에 돌입했고 시련과 고난을 견디며 살아온 인생의 산 경험을 담아 책 쓰기 과정 수업을 마치고 4주가 채 지나지 않은 시간에 책을 완성할 수 있었다. 이렇게 할 수 있다고 생각하고 행동으로 실천을 한 결과 무 스펙이었던 나도 작가의 꿈을 이룰 수 있었다.

내가 책을 쓸 거라는 것을 등한시했던 가족도 책상에 앉아 묵묵히 늦은 밤까지 노트북에 키보드를 두드리는 나를 보며 정말 책을 쓰고 있느냐고, 어떻게 책을 다 쓸 줄 알았느냐며 놀라워하며 의아해했다. 그 후 책이 출간되었을 때에 온 가족이 경이로움을 표시했고 부모, 형제, 친척들, 지인, 동창생, 친구, 가깝게 지내는 이웃들에게까지 존경한다는 말을 들으며 존중함을 받고 있다. 스펙 없이도 작가가 됐다.

작가가 된 이후 나의 삶은 180도 달라졌다. 평소 배우자나 자녀들이 존중해주지 않는다면 자신의 이름으로 된 책을 써내라. 책을 쓴다면 가족들은 경이로운 시선으로 당신을 바라볼 것이다. 경이로운 시선은 당연히 인정과 존중으로 바뀌고 당신을 대하는 모습도 달라진다.

2018년 취업 포털 '잡코리아'가 남녀 직장인 661명을 대상으로 '직장인 자기 계발 현황'을 조사했다. 자기 계발을 위해 공부하고 있는 사람의 비율은 지난 해 56.0%에서 67.8%로 10% 이상 올랐다. 이들이 자기

계발에 쓰는 돈은 월 평균 17만 2천 원이었으며, 공부하는 이유는 '이직 준비를 위해'가 38.6%로 1위였다. (자료: 잡코리아)

이렇듯 새로운 커리어를 위해 자기 계발을 하는 사람이 많다. 그러나 그중 확실한 목표를 가지고 공부하는 사람이 몇이나 될까? 조직에서의 불안한 위치 등 위기의식에 내몰려 무턱대고 공부를 시작한다. 초조하고 불안해서 자신에게 무엇이 가장 절실하고 필요한지 제대로 판단을 할 수 없게 된다. 나는 자신의 이름을 브랜딩할 수 있고 커리어에도 도움이 되는 자기 계발로 책 쓰기를 권한다. 나는 책 출간 후 일어나는 긍정적인 영향에 대해 누구보다 잘 알고 있다. 그래서 사람들에게 책 쓰기로 진짜 자기 계발을 해보라고 조언하고 싶다.

할 수 있다는 마음가짐이 최고의 자본이다. 간절히 원하는 삶은 이루어지게 되어 있다.

09

내가 원하면 우주는 빠르게 일한다

우리는 무엇이든 원하는 것을 다 얻을 수 있다. 소망하는 것을 현실 세계로 불러올 수 있다는 뜻이다. 우리 인간은 우주, 하나님과 연결되어 있다. 이루어진 모든 것은 너무나 가난했던 내가 간절히 하나님께 간구했던 것들이다. 왜? 어떤 사람들은 원하는 삶을 살고 또 어떤 사람들은 그렇지 못할까? 소망하는 것들이 이루어지지 않는다고 푸념하는 사람들은 진리를 모르고 있기 때문이다. 그 진리는 생각과 잠재의식은 우주와 연결된 파이프라인이라는 것이다. 내가 매일 하는 생각과 평소에 내면 깊숙이 가라앉아 있는 잠재의식을 어떻게 사용하느냐에 따라 내가 바라는 것들이 바로 실현될 수도 있고 그렇지 않을 수도 있다. 잠재의식은 우주에 강력한 힘을 발휘한다. 잠재의식에는 현재의식의 6만 배 이상의 힘이 있다. 그런데 불행히도 많은 사람들이 현재 상황만 바라보며 스스로에 대해 부정적인 생각과 말을 함으로써 잠재의식이라는 파이프라인을 막히게 한다. 우주와 연결되는 파이프라인이 손상된다는 것이다. 그렇다 보니 원하는 것이 있어도 소망이, 기도가, 그 위까지 닿지 않게 된다.

눈에 보이지 않아도 그것이 존재한다고 믿어보라. 그렇게 하면 그것은 이미 존재하게 된다. 우주의 법칙을 아는 사람은 자신이 하나님 자녀로서 무한한 능력을 가지고 있음을 알고 있다. 소망이 이루어지길 바란다면 원하는 결과를 정하고 잠재의식에 새겨보라. 잠재의식은 하나님과 통하는 우주 파이프라인이다. 잠재의식에 새기는 일은 우주에 주문을 하는 것과 같다. 먼저 주문을 하기 전에 내가 무엇을 구하는지 구체적으로 알고 있어야 한다. 소망이 단기간에 실현되게 하기 위해서는 완료형 말버릇을 사용하라고 조언한다. 성공하는 인생을 살고 싶다면 당신이 어떤 생각을 하고 말을 하는지를 살펴보라. 우주는 우리가 하는 생각과 말의 에너지를 증폭시키는 장소다. 내가 원하면 우주는 빠르게 일한다.

내가 원하는 것은 곧 하나님이 원하시는 의미라고 한다. 내가 소망하는 것도 원래부터 내 것이기 때문에 소망하는 것이다. 내가 원하고 바라는 모든 것이 원래 내 것이기 때문에 그것을 끌어오기 위해 원하게 되고 바라는 것이다. 이런 모든 것을 원할 때 우주는 내 것으로 돌려주기 위해 빠르게 일하는 것이다. 많은 자기계발서에는 긍정의 생각과 말을 함으로써 모든 일이 술술 풀린다고 적혀 있었다. 긍정의 습관과 말버릇을 바꾸면서 예전과는 달리 모든 일이 원하는 대로 이루어졌다. '말이 씨가 된다'는 속담이 있다. 즉, 말한 대로 이루어진다는 뜻이다. 늘 말하던 것이나 무심코 한 말이 실제로 이루어질 수 있으니 조심하라는 뜻이다. 말대로 된다. 생각하면 늘 즐겁고 이로운 말을 많이 해야 한다. '나는 할 수 있어, 나는 강해, 나는 부유해, 나는 건강해, 나는 행복해!' 상상은 오직 자신만의 것이라는 사실을 명심해야 한다. 이렇게 자신을 위해 이로운 말 습관을 가져야 한다. 그리고 불길한 말은 아예 입에 담지 않아야 한다. 불길한 말은 눈앞에서 당장 이루어지기도 하기 때문이다.

나에 대한 믿음을 가질수록 더 잘 풀린다. 간절히 열망할 때 내가 원하는 모든 것을 위해 우주는 빠르게 일한다. 이런 이치를 알면서도 실제로 경험해보지 않았다면 귓전으로 듣고 흘려버린 것이다. 이 말이 와닿지 않는다면 실천에 옮겨보길 바란다. 나는 많은 경험을 하였고 이 글을 쓰게 되었다. 말한 대로, 상상한 대로, 원하는 대로 모든 것이 이루어졌다. 생각하고, 상상하며, 말로 표현할 때 필요한 것은 이루고자 하는 소망을 위해 행동하며 기다리는 것이다. 원하는 일을 이루려고 생각했을 때 아무리 어려움이 닥쳐도 포기하지 않고 헤쳐나가면 우주는 나의 생각을 전해 받고 빠르게 움직이며 나의 소망을 이루어 주기 위해 빠르게 일한다.

베어드 T. 스폴딩의 『초인들의 삶과 가르침을 찾아서』를 읽고 느낀 점이 많았다.

우리는 의식이 전부다. 우리가 현실을 살 수 있는 이유는 과거에 가졌던 의식 때문이다. 의식 변화, 의식 상승, 의식 확장, 의식이 전부이기 때문이다. 그 사람이 가지고 있는 의식세계가 곧 외부 현실로 나타난다. 영적인 세계를 알게 된다면 외부 현실은 자연스레 달라진다. 모든 답은 영 안에 있다. 초인들의 이야기가 너무나 생생하게 담겨 있는 책이다. 신은 지금 여기 우리 속에 살아 있다. 기적과 같은 책이다. 이 책에는 물질세계의 법칙을 뛰어넘는 기적을 행하는 초인들의 이야기, 순간이동, 공중부양 일반적인 의식 수준으로는 이해하기 힘든 내용, 우주의 법칙과 원리를 안다면 일상적으로 행할 수 있는 초인들의 삶이 나온다. 상념, 텔레파시는 그대로 도달한다. 수백억, 수천억 거리에 있는 사람에게도 텔레파시가 도달하는 시간은 똑같다. 이 세상에 대한 관념이 완전히 바뀌게 된다. 우리가 살고 있는 이곳이 에덴동산이 된다.

우리는 하나님의 자녀이며 전지, 전능, 권능을 부여받았다. 모두가 초인이자 하나님의 자녀이며 특별한 기질과 형질을 물려받았다. 기적적인 일들도 내가 이룰 수 있다. 완벽한 존재라는 것을 깨달아야 한다. 의식 수준을 상승, 변화, 확장을 시킬 때 우리 안에 깃들어 있는 나라는 존재를 신성한 나로 채울 수 있다. 대부분의 사람은 눈을 뜬 채 죽어 있는 존재로 산다. 반은 신이고 반은 인간이다. 우리 눈에 보이는 지구는 3차원 세계다. 우리 세계를 4차원을 생략하고 5차원으로 상승시키기 위해서는 전체 인류가 의식 수준이 올라가야 한다고 한다.

모두 꿈꾸는 세상이 빨리 도달한다. 의식이 전부다. 의식 변화, 의식 상승에 힘써라. 확신을 가지고 계속 나아가면 합당한 보상이 주어질 것이다. 인간이 만들어낸 모든 것은 영적인 실체 세계에서 나온 것이다.

의식 수준이 달라지면 모든 환경과 상황은 내 인생이 더욱더 단단해지고 성장하는 데 필요한 허들 같은 것이라는 것을 알게 된다. 미래는 정해져 있지 않다. 내가 어떤 생각을 하고 어떻게 행동하느냐에 따라 미래는 180도 달라진다. 부와 성공 이러한 긍정적인 단어에 사고와 초점을 맞춰야 한다. 사고가 모든 것을 만들어낸다. 눈에 보이는 모든 것은 누군가의 사고에서 출발해서 물질화된 것이다. 풍요로운 부, 성공, 풍요한 사고로 의식을 바꾸는 것을 최우선으로 해야 한다. 우주의 법칙에 따라 살 때 우주는 우리가 원하는 삶을 빠르게 창조할 수 있도록 움직이며 일한다.

가장 자주 떠오르는 것들이 현실이 된다. 우주의 법칙은 끌어당김의 법칙이라고 한다. 내가 어떤 생각을 하면 그것에 맞는 것들을 끌어오게 된다. 자주 생각을 하고 자주 말하는 그 대상이 나에게로 끌려오기 때문이다. 이것은 우리의 생각과 말에는 파장이 일어나는데 그 파장은 끌어당기는 힘이 있기 때문이다. 그래서 자주 떠올리는 것은 현실이 된다. 내가 원하는 것, 내가 가지고 싶은 것, 가고 싶은 곳, 내가 어울리고 싶은 사람들이 어떤 사람들인지 자주 생각한다면 빠르게 그런 환경이 구축된다는 것이다. 가장 빈번하게 마음속으로 그리는 것, 머릿속에 떠오르는 것이 실마리가 돼 인생을 엮어가며 인격의 일부가 되고 그 생각과 똑같은 것을 끌어당기는 힘을 높여간다는 것이다. 빠르게 삶을 바꾸고자 한다면 어떤 인생을 살고자 하는지 꿈과 목표, 구체적인 계획을 세워야 한다. 만나고 있는 5명의 평균이 자신이다. 자신보다 더 잘나가고 자기 계발을 치열하게 하는 사람들을 만나보라고 권하고 싶다.

이제부터는 긍정적인 생각과 긍정의 말을 입버릇처럼 해보자. 내가 아침에 잠자리에서 일어나서 하루의 일정을 구체적으로 계획하고 실행에 옮길 때 우주는 나를 도와주기 위해 빠르게 움직이며 성과를 이루도록 도와준다. 항상 사랑과 감사를 생각하고 말로 표현할 때 우주는 내가 원하는 것을 들어주기 위해 빠르게 일한다. 내가 생각하는 것과 평소 하는 말에 따라 우주는 바쁘게 움직이기 시작한다. 나의 성공을 이루어주며 성공한 미래로 보답해준다. 내가 생각하고 원하는 것을 우주는 촉각으로 받아들이며 나의 소망을 이루어주기 위해 빠르게 움직이며 일한다. 지금 내가 겪고 있는 좋고 나쁜 일은 모두 과거 우주에 전해진 나의 생각과 말이 이루어진 것이다. 내가 원하면 우주는 빠르게 일한다.

Part 4

행운을 불러온
인생 축복

01

인생은 지구별 여행이다

인생이라는 지구별 여행을 얼마나 사람답게 살다가 갈 것인지 생각하고, 보람 있고 후회 없는 지구별 여행을 해야 한다. 인생에 두 번의 기회는 오지 않기 때문이다. 우리는 지금 100세 시대에 살고 있다. 인생 절반을 살아온 나에게 아직도 평균대로 살아간다면 절반이나 인생의 시간이 남아 있는 것이다. 사는 대로 살아오느라 남은 절반의 인생을 어떻게 살 것인지 생각할 겨를 없이 살다 보니 인생 늦깎이 나이가 되었고 이제야 남은 제2의 인생 설계도를 그려가고 있다. 오랜 고생

끝에 정상에 오를 수 있었다. 정상에 올랐을 뿐 가진 것은 빈껍데기에 고생의 상처로 얼룩진 육신과 가족뿐이었다. 살기에 바빠서 여유 있는 마음으로 마음 편히 제대로 된 여행 한 번을 가본 적이 없었다. 인생 절반을 보낸 세월을 무엇으로도 되돌릴 수 없다는 생각이 들자 서글픔이 몰려왔다. 또한 어느 누구도 보상해줄 수도 없는 젊은 날의 인생은 시련을 견디고 살아온 흔적만 남긴 채 속절없이 사라져갔다.

이제부터는 남은 삶을 더 알차고 뜻있게 보내기 위해 나는 오늘도 여행을 가기 위한 준비를 하고 있다. 그동안 지구별에서의 여행으로 많은 시련을 겪으며 산 경험을 얻었고, 탄탄한 가정을 이루었으며 세상에서 가장 소중한 가족을 선물로 받았다. 세상에서 그 무엇과도 바꿀 수 없는 것이 가족이라는 보물인 것이다. 앞으로의 내가 할 일은 자신을 위해서 사는 일이다. 그와 더불어 내가 성공해야 가족과 다 함께 행복하고 즐겁게 지구별 여행을 할 수 있을 것이다. 그렇다고 거창한 성공을 이루려는 것이 아니라 내가 꿈꿔왔던 일을 이루려는 것이다. 하고 싶은 일을 하지 못해 후회를 남기지 않기 위해서이다. 난 이미 작가의 꿈을 이루었다. 성공자가 된 것이다. 그러나 책을 쓰기 전에는 내 이름으로 된 내 책을 소망했을 뿐이었다. 그런데 책을 쓰는 일은 마약과도 같았다. 한 권을 써내고 나니 2권, 3권, 계속 쓰고 싶어진다. 나는 책을 쓰는 작가의 삶 속에서 제2의 지구별 여행을 할 것이다. 삶의 재테크를 멋지게 연출해 사는 동안 멋진 여행을 하며 선한 일을 하며 살아갈 것이다.

비참한 과거를 견디고 일어선 베스트셀러 작가 조앤 K. 롤링은 이렇게 말했다.

"차가운 바닥은 내 삶을 성장시키는 견고한 토대가 되어주었습니다."

세계를 마법에 빠지게 만든『해리포터』시리즈의 작가, 조앤 K. 롤링은 비서직과 교사 일을 전전하며 정착하지 못했다. 남편의 폭력 때문에 임신한 몸으로 이혼한 후에는 10만 원 남짓의 정부 보조금으로 딸과 가난한 생활을 이어갔다. 우울증과 자살 충동에 시달리면서도, 카페에 유모차를 세워 놓고 커피 한잔으로 추위를 견디면서 그녀는 끝까지 버티며 글을 썼다. 그렇게 완성한 소설 역시 많은 출판사에서 거절당했지만 포기하지 않았다. 우여곡절 끝에 세상에 나온『해리포터』시리즈는 300조 원 이상의 수익을 창조한 베스트셀러가 되었다.

조앤 K. 롤링은 이혼, 가난, 우울증 등 참담한 상황에서도 꿈을 놓지 않았다. 이 악물고 견뎠던 극한의 시간이 그녀를 위대한 베스트셀러 작가로 만들었다. 그녀는 베스트셀러 작가가 된 후 이렇게 말했다.

"대학 졸업 후 7년 동안 엄청난 실패의 연속이었죠. 결혼에 실패한데다 실업자에 싱글맘까지 더 이상 가난하기 힘들 정도였습니다. 누가 봐도 실패한 사람이었어요. 그 긴 고통의 터널이 언제 끝날지도 알수 없었지요. 그러나 그동안 실패의 미덕을 배웠습니다. 가장 두려워하던 실패가 현실이 되었기에 오히려 자유로워질 수 있었어요. 나는 실패했지만 살아 있었고, 사랑하는 딸이 있었고, 낡은 타자기와 엄청난 아이디어가 있었죠. 가장 밑바닥을 경험한 것이 인생을 새로 세울수 있는 단단한 기반이 돼주었습니다."

"세상을 바꾸는 데 마법은 필요 없습니다. 그 힘은 이미 우리 안에 있으니까요."

조앤 K. 롤링은 밑바닥까지 떨어진 절망적인 상황에서도 책 쓰기를 포기하지 않았다. 그녀는 현실이 비참할수록 책 쓰기에 자신의 전부를 걸었다. 그 결과 그녀가 쓴 책은 소설에서나 일어날 법한 눈부신 인생 2막을 그녀에게 안겨주었다.

사람들은 저마다 지구별 여행을 하고 있다. 어떤 여행을 할지는 각자에게 달려 있다. 젊은 날 일찍 성공하여 젊을 때 인생을 즐겨야 한다. 더 가치 있고 격이 높은 지구별 여행을 할 수 있을 것이다.

세계 최고의 책 쓰기 코치와 큰 부자로 자리매김한 '한책협'의 대표 김도사님은 젊은 나이에 절박한 가난의 고통으로 꿈을 이루는 과정에서 헤아릴 수 없을 만큼 고통을 맛봐야 했다. 좌절과 절망의 벽에 가로막혀 수차례 자살을 생각했다. 사실 여러 번의 죽을 고비를 넘기기도 했다. 그때마다 하나님의 은혜로운 손길이 그를 살리셨다. 살아오면서 그가 깨달은 것이 있다. 시련은 변형된 축복이라는 것이다. 헤르만 헤세의 작품『데미안』에 보면 "새는 알을 깨고 나온다. 알은 새에게 하나의 세계이다. 하지만 태어나려고 하는 생명은 하나의 세계를 파괴하지 않으면 안 된다."라는 말이 있다. 시련은 새의 알과 같다. 새가 되기 위해선 힘들고 고통스럽더라도 단단한 알을 깨고 나와야 한다. 그는 지금 경기도 분당에서 '한국책쓰기1인창업코칭협회'를 운영하고 있다. 성공학과 돈 버는 법, 퍼스널 브랜딩, 작가가 되고자 하는 사람들에게는 '도사', '구루'로 불린다. 남들이 스펙 쌓기와 직장 생활에 전념할 때 책 쓰는 일과 우주의 법칙, 성경의 원리에 대해 연구해왔다. 그 결과 무일푼에서 150억 부자가 되었으며 성공학, 책 쓰기 코치, 출판 기획의 분야에서 대한민국 최고의 자리에 올랐다. 9년간 '한국책쓰기1인창업코칭협회'를 운영하며 1,000명의 평범한 사람들을 작가로 양성했다.

가난은 극복할 수 있다. 그러려면 이제부터 부에 대해서만 생각하고 말해야 한다. 가난을 생각하거나 스스로를 의심하거나 좌절해선 안 된다. 당신은 하나님으로부터 부유하게 살아갈 특권을 부여받은 사람이다. 그는 스스로 천국 시민이라는 것을 되새겨야 한다고 말한다.

김도사님은 성공해서 책을 쓰는 것이 아니라 책을 써야 성공한다는 모토로 평범한 사람들을 작가, 코치, 1인 창업가로 성장하도록 코칭하며 시간의 여유가 있을 때는 부인이신 '드림자기계발연구소'의 대표

권 마담님과 연년생으로 둔 삼 남매와 좋은 곳으로 여행을 즐기며 행복한 날을 보내신다고 한다. 젊은 나이에 절박한 가난의 고통으로 꿈을 이루는 과정에서 헤아릴 수 없을 만큼 고통을 겪으면서도 작가의 꿈을 포기하지 않고 열정적으로 책을 써서 지금의 큰 거인이 되었다. 그 무엇도 부러운 것 없이 최고의 지구별 인생 여행을 즐기며 살고 있는 것이다.

'김도사님' 같은 거인을 롤모델로 삼아 한 살이라도 젊을 때 성공하여 지구별에서 즐겁고 행복한 여행을 충만하게 만끽하며 사는 것이 최고의 인생일 것이다.

02

행운을 불러온 인생 축복

    행복한 마음으로 노트북의 키보드를 친구 삼아 책을 쓰고 있다. 이제는 떼려야 뗄 수 없는 내 마음을 다 받아준 나의 분신이 되었다. 어떻게든 시간을 최대한 책 쓰기를 위해 내 것으로 만들어 하루의 절반 이상을 책을 읽고 쓰고 있다. 하루 종일 책을 써도 지루하지 않고 시간 가는 줄도 모를 만큼 책 쓰기는 적성에 맞는 나의 천직인 것 같다. 지금의 내가 가장 행복한 모습인 것 같다. 책을 쓰기 전에는 아침 일찍 잠에서 깨어나기가 무섭게 집안일과 가족의 먹을 음식을 준비해놓고 허둥지둥 출근길을 서둘러 가곤 했다. 그렇게 이른 아침부터 서둘러서 시작해 늦은 밤이 되어서야 퇴근해오면 파김치처럼 피로에 지친 몸으로 또다시 집안일을 마무리해야 하고 집안에서나 직장에서나 하루 종일 일만 하며 살았다. 내가 아닌 상대방의 삶을 윤택하게 하기 위해 그저 시간에 얽매여 현대판 노예로 살아온 것이다.

　무엇을 위해 살고 있는 것인지, 언제까지 내 삶이 아닌 타인의 삶을 위해 전전긍긍하며 살아야 하는 것인지 자신에게 의문을 갖게 했다. 나이가 들어감에 따라 몸도 쇠약해져 힘든 일이 버거웠다. 그러던 중 '코로나19'가 2019년 12월에 중국 우한에서부터 발병하기 시작해서 2020년 1월 하순경에 우리나라에서도 발병하기 시작했다. 다니던 직장에서 손님이 줄어들자 영업에 손실이 나기 시작하면서 직원들은 한두 명 권고사직을 당하게 되었다. 나는 가까운 거리에 있는 직장인 터라 알바 식으로 바쁠 때만 일을 하기로 했다. 하루라도 빨리 벗어나고 싶은 현대판 노예 생활에 대처할 일을 달라고 하나님께 간절한 마음으로 기도드리며 더 이상 늦지 않게 내가 하고 싶은 일을 하며 살 수 있게 해달라고, 아니, 이제는 나 자신을 위해 살 거라며 하나님께 떼를 쓰듯 기도드렸다. 그렇게 투정 반, 하소연 반으로 기도한 날들이 얼마

지나지 않아 하나님이 커다란 행운의 축복을 선물해주셨다.

'코로나19"로 인해 인생 재테크를 하며 성공의 기회를 찾았다.

꿈으로만 간직했던 책을 쓰는 과정의 공부를 하면서도 행복했다. 수십 년 전에 못 해본 공부를 할 수 있어서인지 오랫동안 써보지 않은 머리를 굴리며 글들을 끄집어내야 하는 정신적으로 힘들고 어려운 일임에도 전혀 부담감 없이 받아들이며 최선을 다해 임할 수 있었다. 내가 꿈꾸던 일이고 하고 싶었던 일이었기에 신이 나서 행복하게 했다. 하나님은 약속을 잊지 않으신다. 내가 무엇을 원하는지 나의 머리카락 숫자까지도 알고 계시듯이 나의 모든 것을 알고 계신다. 이미 하나님은 내 인생을 멋지게 연출해놓으시고 그 목표점에 도달할 때까지 기다리고 계신다. 행운을 불러온 인생에 축복을 선물로 주시며 나의 손을 잡고 이끌어주신다. 이렇게 늦게 행운과 축복을 주시기 위해 시련의 삶들을 살며 경험을 얻게 하셨고 아무런 걸림돌 없이 내가 원하는 것을 이루어가라고 인생 절반을 살아온 나에게 축복을 주신 것이다. 하나님이 이끌어주시는 대로 실행하며 노력하고 매일매일 조금씩 나아가는 나로 살아가고 있다. 현대판 노예의 얽매인 삶이 아닌 자유의 몸으로 나의 인생, 나의 꿈을 이루고 해바라기처럼 활짝 피어 따뜻한 햇살을 받으며 밝은 미소를 띄우는 삶을 살아갈 것이다. 이제는 내가 원하는 삶을 살아도 될 자격이 있다고 생각한다. 인생 절반을 살아오면서 많은 부는 이루지 못했지만 나름대로 많은 것을 쌓았다고 생각한다. 이제부터 남은 시간은 나 자신을 위한 삶으로만 돌진해갈 것이다.

『멈추면 비로소 보이는 것들』의 저자 혜민 스님은 미국 햄프셔대학 종교학 교수로 재직하다가 안식년을 맞아 우리나라에 왔을 때 다음 2가지를 보고 깜짝 놀랐다고 한다.

첫째, 너무나 치열하게 사는 사람들의 모습
둘째, 사람들의 삶에서 고민이 너무 많고 깊어져가는 모습

이러한 모습을 보면서 혜민 스님은 많은 사람들이 자신의 소중함을 망각한 채 살아가고 있다는 사실에 가슴이 아팠다고 한다. 그래서 그는 사람들이 속도를 늦추고 여유를 가질 수 있도록 도움을 주기 위한 책을 쓰기 시작했다. 그렇게 해서 탄생한 책이 바로『멈추면 비로소 보이는 것들』이다. 처음 이 책은 출판사에서 그다지 큰 기대를 갖지 않

았다고 한다. 그래서 초판 3,000부를 찍고 기본 배본만 하게 되었다. 그런데 서점으로부터 책을 더 보내달라는 전화가 정신없이 걸려왔고, 초판 배본 당일 품절이 되기까지 했다.

책은 출간되자 선물용으로 날개 돋친 듯이 팔려나갔다. 소중한 사람에게 자신이 받은 긍정적 에너지를 전달하고 싶은 마음이 이어져, 출간된 지 1년이 다 되는 시점에서도 책의 열풍은 식을 줄 몰랐다. 판매 부수는 이미 200만 부를 넘겼다. 그 결과 지금 혜민 스님은 모르는 사람이 없을 정도로 유명인이 되었다. 심지어 연예인들도 만나고 싶어 하는 스타 스님이다.

이렇게 진솔한 자신만의 스토리가 담긴 책은 독자들도 높이 평가한다. 있는 그대로의 글들로 소신껏 책을 펴낸다면 사람들로부터 전문가 대접을 받고 최고의 인생을 살 수 있는 티켓을 손에 쥘 수 있다. 많은 사람들이 나이가 들어서도 직장 생활에서 상대방의 눈치를 보며 상대방에 기준의 잣대에 맞추어 살며 자신만의 삶을 찾으려 하지 않는다. 가깝게 지내는 친구도 코로나 사태로 동료들이 권고사직을 당하는 모습을 보고 자신도 직장에서 오래 버틸 수 없겠다는 생각에 자진해서 사표를 쓰고 직장을 그만두었다고 했다. 어느 날 모임에서 나의 책을 보며 자신도 책을 쓰고는 싶은데 나이도 많고 쓸 것이 없어서 책 쓸 생각을 못 한다고 했다. 그렇다고 그의 나이가 아주 많은 것도 아니다. 다만 책을 쓰겠다는 생각의 관점을 가지고 있지 않기 때문이다.

있잖아, 불행하다고 한숨 짓지 마

햇살과 산들바람은 한쪽 편만 들지 않아

꿈은 평등하게 꿀 수 있는 거야

너도 약해지지 마

(후략)

위 내용은 일본의 할머니 시인 시바타 도요 씨가 쓴 시 가운데 일부분이다. 그녀는 주방장이었던 남편과 사별 후 아들의 권유로 92세에 처음 시를 쓰기 시작했다. 그녀는 2009년 10월, 자신의 장례 비용으로 모아둔 10만 엔으로 첫 시집 『약해지지 마』를 출간했다. 당시 그녀의 나이는 98세였다. 세계 최고령으로 데뷔한 것이다. 그녀는 시 속에 담긴 유머 감각과 긍정적인 태도로 호평을 받으면서 2010년, 대형 출판사 아스카신샤가 삽화와 작품을 추가해 총 42편이 수록된 시집을 다시 펴냈다. 1만 부만 팔려도 성공적인 시집으로 평가받는 일본에서 158만 부라는 폭발적인 판매고를 기록하였다. 그녀는 생전에 자신의 책이 번역되어 전 세계 사람들에게 읽히는 것이 꿈이었다고 한다. 그의 바람대로 그녀의 시집은 우리나라를 비롯해 대만, 네덜란드, 이탈리아, 독일 등 세계 각국에서 출간되었다. 인생에서 늦은 때는 없다. 늦었다고 결심하고 행동하는 순간이 행운을 불러오는 인생 축복으로 가장 빠른 때이다.

03

돈이 있어야 마음이 전해진다

'남을 도울 줄 아는 사람이 크게 성공한다'는 말이 있다. 아이가 나무에 오르도록 도와주면 맛있는 과일을 맛볼 수 있다. 마찬가지로 타인에게 흔쾌히 도움의 손길을 내밀 줄 아는 이는 더 많은 과일을 얻게 될 것이다.

얼마 전 친척 어른이 팔순을 맞이하신 기념으로 팔순 잔치에 참석했다. 즐거운 담소를 나누며 화기애애한 분위기로 행사가 진행되었다.

행사를 진행하시는 역할을 하는 분들의 노래방 시스템으로 서로 나와 멋지게 노래를 불러주고 있었다. 이렇게 노래를 부를 때마다 행사 도우미분들에게 돈을 건네주고 노래를 했다. 그 과정에서 돈을 많이 건네주는 사람은 행사 도우미들이 우대를 하며 띄워주는 말도 곁들여서 해주고 있었다. 보통 행사 진행 과정이지만 흥겨운 분위기를 돈이 많고 적음으로 올렸다 내렸다 하는 것, 행사 도우미들이 돈의 액수대로 사람들을 대하는 태도에 마음이 불편했다. 돈이 우선되는 세상이다. 돈으로 사람의 가치를 정하기도 한다. 아무리 말로 '감사합니다, 축하합니다'라고 해도 말뿐이라고 우습게 받아넘긴다. 돈이 전해져야 마음이 전해지는 것으로 결론짓는다.

세상은 자본주의 시대다. 부자인 부모가 자식에게 대접받는다. 돈 없는 부모는 자식에게 대접받기를 기대하지도 말아야 하는 세상을 살고 있다. 돈이 곧 마음을 전달해주는 역할인 것이다. 부모, 자식, 형제에게도 돈이 있어야 서로의 마음이 전해진다. 마음이 먼저가 아닌 돈이 먼저 전해져야 마음을 받은 것으로 인정하는 것이 세상살이의 기본인 것이다. 한 번 왔다가는 지구별 여행이다. 젊을 때 일찍 성공하여 더없이 행복하고 즐겁게 부의 자유를 누리며 살아가는 것이 최상의 인생 여정일 것이다. 돈을 기하급수적으로 벌려면 자신이 가장 좋아하고, 잘하는 일을 선택해야 한다. 돈으로 행복을 살 수 없지만 힘든 상황에서 자신을 구해줄 수는 있다. 돈으로 사랑을 살 수는 없지만 돈으로 사람들이 나에 대한 애정을 표현할 수는 있다. 내가 열심히 일해서 번 돈으로 무언가를 사서 선물해준다면 행복해진다. 물질에는 그 사람에 마음이 담겨 있고, 물질의 크기만큼 나에 대한 그 사람의 애정이 담겨져 있다고 보면 된다. 곧 돈이 있어야 마음이 전해지는 것이다.

페이스북 창업자 마크 저커버그의 성공 신화를 꿈꾸는 '소셜네트워크' 대표 박수왕이 있다. 2010년 1월에 번 인세를 자본금으로 삼아 '소셜네트워크'를 창업한 그는 연 30억 원 이상의 매출을 올린 성공한 20대 젊은 CEO다. 박 대표는 대학생 때부터 기숙학원에 김치를 납품하거나 공연 물품을 유통하는 사업을 시작했다. 취업 스펙을 쌓아 기업에 입사하는 것보다 사업에서 최고가 되고 싶다는 열망 때문이었다. 좀 더 솔직히 말하면 시험 점수에 따라 평가되는 대학, 이력서 등으로만 입사가 결정되는 직장에서 최고가 될 자신이 없었기 때문이다. 그는 자신이 누구보다 가장 잘할 수 있는 일을 하기로 마음먹었다. 사업은 곧잘 되었지만 소송에 휘말리면서 사업을 접고 군대에 가게 되었다. 하지만 입대 후에도 그는 다른 사업에 대한 고민을 거듭했다. 그러다 문득 '책을 내면 어떨까?'라는 생각이 들었다. 대한민국 남자라면 피할 수 없는 것이 바로 군대다. 그 시간을 미래를 위한 준비 기간으로 사용하는 지침서가 있다면 긍정적인 군대 생활이 될 것이라는 판단이 들었다. 즉시 군대에서 목표를 이룬 사례를 중심으로 출간 제안서를 작성해 여러 출판사에 보냈다. 마침 한 출판사에서 그에게 사병 출신으로 성공한 유명한 인사를 인터뷰해 오면 기회를 주겠다고 제안했다.

현재 그의 멘토이자 정신적 지주가 된 당시 GE 코리아 이채욱 사장과의 인연은 이때의 인터뷰로 맺어졌다. 그는 『나는 세상의 모든 것을 군대에서 배웠다』를 펴내어 단숨에 베스트셀러 저자가 되고, 2010년 1월 인세로만 약 1억 원을 벌었다. 그중 절반으로 빚을 갚고, 5천만 원으로 지금의 '소셜네트워크'를 창업했다. 사업을 오픈 한 뒤 성공하기 위해 처절한 정도의 노력을 기울였다. 그가 할 수 있는 것은 오로지 피나는 노력뿐이었기 때문이다. 이런 피나는 노력 끝에 연 매출 30억 원 이상의 수준에 이른 청년 기업가가 되었다. 20대는 다양한 경험이 없다는 단점이 있지만 반면에 모든 것을 걸고 도전할 수 있는 완벽한 시기라고 박 대표는 말한다. 애플이나 HP, 다음, NHN CEO 모두 젊은 나이에 도전해 성공을 이루었다. 그는 한 인터뷰에서 젊은 친구들에게 이렇게 말했다.

"하루하루 성취감을 느끼는 것이 즐겁기 때문에 돈을 버는 것은 아직 중요하지 않다."
"머릿속으로 그렸던 생각을 행동으로 옮기는 것만으로도 가치 있고 소중한 일이다."

이렇게 박수왕 대표는 젊은 나이에 멋진 인생을 창조해 성공을 이루게 된 것이다. 지금의 그는 자신이 원하는 일을 하고 있기 때문에 너무나 행복하다고 한다.

많은 성공자들은 한목소리로 '진짜 원하는 일을 하라'고 충고한다. 가슴이 시키는 일을 해야 성공할 수 있고 행복한 인생을 살 수 있기 때문이다. 더불어 돈이 있어야 마음이 전해지는 부의 자유를 누리며 살게 될 것이다.
"실패를 두려워하지 마세요. 평범하게 살지 마세요. 스스로를 명품이라고 생각하세요. 하지만 그 과정에서 고통이나 역경, 실패, 눈물, 아픔 등은 원하지 않지만 분명히 함께합니다. 재도전하면 실패도 익숙해지죠. 우리 모두 할 수 있습니다."

'실리콘밸리 신화', '작은 거인' 김태연 회장의 말이다. 그녀는 한국을 빛낸 55인에 선정되었으며 베스트셀러 작가이기도 하다. 현재 그녀는 세계에서 가장 영향력 있는 여성 CEO 중 한 명으로 꼽힌다. 그래서 대부분의 사람은 김태연 회장이 처음부터 남들보다 특출한 능력을 타고났다고 생각한다. 그러나 그렇지 않다. 그녀는 태어나면서부터 집안 어른들로부터 축복이 아닌 저주를 받아야 했다. 그녀가 태어나자 할머니는 "김씨 집안 다 망했네."라며 부엌에서 끓고 있던 미역국을 내동댕이쳤다. 태어난 아이가 여자라는 것을 확인한 할아버지는 조상 사진 앞에서 "제가 뭘 잘못했기에 이런 큰 벌을 주십니까?"라며 통곡했다. 김태연 회장은 그렇게 태어났다. 아무도 축복해주지 않았던 출생의 순간은 낙인이 되어 자라는 내내 그녀를 힘들게 했다. 가족들의 싸늘한 시선은 상상할 수도 없는 구박과 냉대로 이어졌고, 술주정이 심했던 아버지에게는 무관심과 폭력을, 한 맺힌 어머니에게는 원망을 받아야만 했다. 친구들과 주변 사람들도 그녀를 '재수 없는 아이'라고 부르며 무시하기 일쑤였다. 그녀의 어린 시절은 눈물이 마를 날이 없었다. 당시를 그녀는 이렇게 회상한다.

"나는 사람들한테 손가락질을 참 많이 받았어요. 내가 흘린 눈물을 채우자면 한강도 넘칠 거예요. 항상 '너는 안 돼'라는 말을 듣고 자랐어요. 정월 초하루에 태어났다는 이유만으로요."

그러나 지금 그녀는 많은 사람들의 존경과 사랑을 받는 위치에 서 있다. 그녀는 반도체 장비 회사인 라이트 하우스를 비롯해 모닝 플라넷, 데이터 스토어X, 엔젤힐링 등 6개 회사를 소유한 TYK 그룹의 회장이자 태권도 도장인 '정수원'을 운영하는 태권도 8단의 여성 최초 '그랜드마스터'다. 라이트 하우스는 실리콘밸리가 벤처 위기로 무너져가던 때도 성장을 거듭해 동종 업계 1위의 실적을 기록하고 있는 우량 회사이며, 그녀가 진행하는 '태연 김 SHOW'와 출간한 책들은 엄청난 호응을 얻기도 했다. 세상에 공짜로 주어지는 것은 없다. 눈부신 성공이라면 오죽하겠는가. 김태연 회장은 성공 비결을 묻는 사람들에게 이렇게 말한다. 그녀의 말을 가슴에 새겨보라.

"사람들은 나에게 성공의 비결에 대해 묻습니다. 그러면 나는 그들에게 이렇게 묻습니다. '왜 당신은 달리지 않았습니까?' 나는 특별한 사람이 아닙니다. 그저 'Can Do!' 즉 할 수 있다는 자신감을 잃지 않았을 뿐이고, 결국 그 마음의 자세가 내 성공의 열쇠였습니다."

이제 더 이상 더 쉽고 빠른 성공 비결을 찾아 헤매지 마라. 성공 비결의 핵심은 바로 꿈을 향한 꾸준한 노력이며, 돈이 있어야 마음이 전해진다.

04

내 안에 있는 확신이 내 인생이다

자기 자신이 주인이 되면 인생의 모든 법칙이 변할 것이다. 고독해도 더 이상 외롭지 않고, 빈곤해도 더 이상 가난하지 않으며, 연약해도 더 이상 약하지 않을 것이다.

나는 내가 가야 하는 나의 길을 알고 있다. 그것은 내가 평상시에 늘 생각하고 상상하며 그것에 대한 믿음과 확신을 갖는다. 지금까지 걸어온 길 또한 내가 생각하고 상상하며 믿고 확신했던 것이 그대로 현실에 반영되었다. 부정적인 일들은 생각조차 하지 않으며 항상 긍정적인 마인드로 생각하고 말하는 습관의 삶으로 살게 되면 모든 일이 술술 풀리며 행운을 불러오는 축복만 있게 된다. 지금의 내가 자유의 몸으로 인생을 위해 발돋움해나갈 수 있는 것도 내 안에 있는 믿음의 확신으로 이루어진 것이다. 미래의 모습 또한 내가 믿고 확신하는 대로 이루어질 것이라고 믿으며 의심하지 않는다.

권영임 씨는 고졸 여직원이라는 평범한 삶에서 벗어나 지금은 대학 강사 겸 작가가 되어 인생 역전에 성공했다. 그녀는 가난한 데다 자식 많은 집 장녀로 태어났다. 빨리 돈을 벌어야 한다는 생각에 상업고등학교에 진학했다. 졸업 후에는 곧장 취업전선으로 뛰어들었다. 당시만 해도 고졸 여사원에게 주어진 일거리는 하찮은 것들이었다.

그녀는 중공업 분야의 한 회사에 근무하면서 남자 사원들에게 커피를 타주거나 단순한 타이핑 업무를 반복하며 19년 6개월을 보냈다. 어떤 날은 하루 종일 커피 심부름만 하다가 퇴근하기도 했다. 마치 투명인간처럼 살았다. 그녀는 그렇게 보낸 20대 시절이 너무나 힘들었다고 토로한다.

"학력 차별에 성차별, 게다가 지역 차별까지 있었어요. 막연히 30살이 빨리 되었으면 좋겠다는 생각을 많이 했어요."

30살이 되던 해 그녀는 자신에게 반지를 선물했다. 힘든 시기를 무사히 잘 견뎌냈다는 의미에서였다. 그녀는 막막한 현실로 인해 미래까지 암울하게 느껴졌다. 하지만 그녀는 중년의 나이에 갑작스레 불어닥친 IMF로 터닝포인트를 맞게 된다. 그녀는 스스로 사표를 던지고 감옥 같았던 직장을 과감히 그만두었다. 20여 년 만의 탈출이었다. 그동안 직장 생활을 하며 가족들의 뒷바라지를 했으니 이제부터는 자신을 위해 살아야겠다고 결심했다.

그녀는 숭의여자대학교 문예창작과에 입학했다. 젊은 시절부터 가졌던 학력 콤플렉스에서 벗어나 작가의 꿈을 이루기 위해서였다. 당시 그녀는 42살이었다. 퇴직금으로 받은 5,000만 원을 생활비로 쓰면서 열심히 공부에 매진했고 글을 썼다. 그리고 방송통신대학교 국문과를 거쳐 동국대학교 대학원 문예창작과에 입학했다. 대학과 대학원에 다니는 동안 장학금은 거의 놓친 적이 없을 정도로 치열하게 공부에 전념했다.

그녀는 당시를 이렇게 회고했다.

"20년 가까이 학력 차별에 시달리며 살아서 그런지 공부가 너무 재미있었어요. 콤플렉스가 사람을 성장시키는 것 같아요. 물론 콤플렉스를 극복했을 때에만 해당하는 것이지만요."

현재 그녀는 대학에서 문예창작과 언어학을 가르치면서 틈틈이 출판사 기획원으로 활동하고 있다. 그리고 소설도 쓰고 있다. 매일매일 꾸준히 써서 자신의 20살 청춘 시절을 정리하는 자전소설은 이미 탈고한 상태고 책으로 출간될 예정이다. 대부분의 소설가는 신춘문예와 같은 정식 등단 경로를 거친다. 하지만 고민 끝에 그녀는 자신의 가능성을 믿어주는 출판사를 통해 책을 내기로 마음먹었다. 마흔을 넘겼지만 아직도 20살 청춘처럼 꿈을 이루기 위해 살고 있는 그녀는 지금 누구보다 행복하다. 이렇게 자신이 가지고 있는 확신의 꿈은 자신의 인생이며 꿈은 반드시 이루어진다.

내 안에 꿈을 품고만 있다면 이룰 수 없는 것이다. 행동으로 실천할 때 꿈은 이루어진다. 권영임 씨도 작가의 꿈을 위해 책 쓰기를 하며 노력한 결과 지금 행복할 수 있고 자신이 가장 좋아하는 일을 하면서 또 다른 블루오션을 만들어가고 있기 때문에 하루하루 즐겁고 행복할 것이다.

내가 얻은 제2의 인생은 행복한 날들이다. 구애받지 않는 시간으로 책을 쓸 수 있고 강연 스케줄에 충실히 임하며, 독자와의 상담을 주고받고, 시간의 여유가 있을 때는 가족과 여행을 즐기며 무엇 하나 부러울 것 없는 인생을 살고 있다. 앞으로의 날들 또한 자만하지 않으며 겸손한 마음으로 선한 일에 힘쓰며 살기를 노력할 것이다. 더 이상 뒤처진 삶을 살지 않기 위해 주어진 현실에 최선을 다하며 분발해나갈 것이다.

책을 쓰면 상상하지 못했던 신세계가 열린다.

대학에서 환경학을 전공했으면서도 전공과 다른 방송작가의 길을 걷다가『부러우면 지는 거다』를 펴내며 새롭게 저자로 변신한 신여진 작가, 그녀는『슈가맨』,『한 끼 줍쇼』의 유명 방송작가이기도 하다. 국민 MC 유재석을 종편으로 향하게 할 정도로 힘 있는 작가다. 그런 그녀의 말이 우리의 귓가에 강한 울림을 준다.

"저는 원래 환경학을 전공했어요. 지금 전혀 다른 일을 하고 있는 거
죠. 사람들에게는 항상 '모멘텀(momentum)'의 순간이 있어요. 이 순간
을 얼마나 잘 포착하느냐에 따라 운명이 달라질 수 있죠. 우연히 지나
던 사람의 말 한마디나 책 한 구절, TV나 영화의 한 장면으로도 인생
은 달라질 수 있어요. '누군가가 부러워서 미치겠다'면 지금 바로 그 일
에 도전해보세요."

'한책협' 김도사님은 이렇게 말했다.

사람은 누구나 자신이 원하는 인생을 살 수 있다. 다만 생각대로 살
지 않고 현실과 타협하면서 살기 때문에 행복하지 않은 인생을 살게
된다. 그 결과 인생을 즐기기보다 견디면서 고통스러워한다. 이 책을
읽는 당신은 지금부터라도 눈부신 인생 2막을 만들어갈 수 있다.

어떻게? 답은 바로 책 쓰기에 있다.

지금 당신이 좋아하고 잘하는 분야, 취미, 관심 분야를 토대로 책을

쓰면 된다. 책을 쓰면 다양한 기회들이 찾아온다. 베스트셀러가 되면 말할 필요도 없다. 책 쓰기를 통해 당신이 상상하지 못했던 신세계가 열리는 경험을 한번 해보라.

『이상한 나라의 엘리스』에서는 "내 기분은 내가 정해, 오늘 나는 행복으로 할래!"라고 말한다. 행복하기로 결정하는 것이다. 이렇게 결정하고 나면 행복해질 수밖에 없는 행동들로 판이 바뀐다. 그러니 행복할 수밖에 없는 것이다..

희곡 작가 버나드 쇼의 비문에는 "우물쭈물 살다가 내 끝내 이렇게 될 줄 알았지."라고 쓰여 있다. 우리의 삶도 마찬가지다. 삶에 확신을 가지지 못하고 아쉬워하며 우물쭈물하다가는 꼭 그렇게 될 것이다. 시인 에머슨은 "당신이 할 수 있다고 생각하면 할 수 있고 당신이 할 수 없다고 생각하면 할 수 없다."라고 말했다. 꿈이 이루어지고 안 이루어지는 것은 결국 자신의 몫이다. 성공한 사람들에게 특별한 비결이 있다면 바로 갖고 싶고 원하는 것을 심상화한다는 것이다. 하고 싶은 것, 갖고 싶은 것, 자신이 원하는 일을 마음속 상상을 통해서 이루어내고 그 상상속의 성공한 모습을 믿음과 확신으로 받아들이는 것이 곧 내 인생인 것이다.

05

바닥난 인생에서 만난 한 줄기 찬란한 빛

실패할 거라고 상상하는 사람은 실패할 것이고, 성공할 거라고 상상하는 사람은 반드시 성공할 것이다. 성공은 머릿속으로 위대한 상상을 하는 것으로부터 나온다.

인생 절반을 살면서 남은 것은 시련을 견딘 산 경험과 삶에 지친 육신뿐이었다. 무언가를 다시 시작해야 하는 용기의 힘도 나약했다. 하지만 100세 시대를 살고 있는 나에게 아직 삶의 날들이 남아 있었다.

이미 절반의 인생을 살아온 터라 뒤돌아보고 무언가를 할 것에 대해 여유 있게 그려보고 따져볼 여유의 시간이 없었다. 마음이 앞서 바빠지기 시작했다. 무언가를 다시 시작해야 하는 데 무엇을 할 것인지 잡히는 일이 없어서 멘붕 상태에 빠져 길을 찾지 못하고 있었다. 힘겹게 직장 생활을 버티며 계속해나가겠다는 마음은 이미 마음속에서 벗어나고 있었다. 그러던 중 늘 하나님께 나의 제2의 인생은 내가 하고 싶은 일을 하며 살게 해달라고 간구했던 소원이 이루어지게 되었다. 하나님은 이미 내 인생을 멋지게 계획해놓고 나의 길을 인도해주시는 것이었다. 내가 좌절하고 포기하지 않는 한 꿈은 이루어진다. 생각하고 상상하며 믿음의 확신은 곧 나에게 현실로 와닿는 성공을 이루어준다. 나에게 작가의 길을 축복의 선물로 주신 일은 인생 절반을 살아오는 동안 이룬 것이라고는 없는 인생에서 만난 한 줄기 찬란한 빛이었다.

2006년 7월 2일, 지질 탐사의 마지막 코스인 데스벨리를 향해 5대의 차량이 사막을 달리고 있었다. 앞차가 일으킨 뿌연 모래 먼지의 궤적을 따라 달리던 중 한 남자가 운전하던 네 번째 밴 한 대가 갑자기 전복되고 말았다. 남자는 사고가 난 지 3일 뒤에야 혼수상태에서 완전히 깨어날 수 있었다. 그가 바로 MIT 출신의 해양학자이자 서울대에서 연구를 진행하고 있던 이상묵 교수다. 그는 이 사고로 목뼈 신경에 손상을 입었고 목 아래 감각과 운동신경을 모두 잃었다. 그러나 사고 6개월 만인 2007년 1월 기적적으로 서울대학교에 복귀해 많은 사람들을 놀라게 하고 이듬해 3월 첫 강의를 하며 사회적으로 주목을 받기 시작했다.

현재 손을 전혀 사용할 수 없는 그는 입김으로 작용하는 마우스를 쓴다. 턱과 뺨으로 동작하는 전동 휠체어가 그의 다리 역할을 해주고 있다. MS의 윈도우 비스타는 음성인식 프로그램을 공짜로 사용할 수 있게 지원하고 있다. 그러나 안타깝게도 한국어 지원은 되지 않는다. 현재 이상묵 교수는 세종대왕 프로젝트로 장애인을 컴퓨터와 결합시키는 일을 하고 싶다고 밝혔다. 또, 세종대왕 프로젝트를 통해 한글로 음성이 인식되는 프로그램도 만들 계획을 가지고 있다. 자동차 전복으로 전신 마비 장애를 가졌지만 그는 웃으며 이렇게 말한다.

"나는 드디어 진정한 학자가 되었다. 연구비가 많다고 비싼 술에 맛있는 저녁을 흥청망청 먹는 것도 아니고 해외여행을 다닐 수도 없으니 이거야말로 진정한 학자가 아닌가."

그는 자동차 사고를 통해 삶의 의미와 이 시대를 어떻게 살아가야 하는지를 깨달을 수 있었다.

성공하기 위해선 반드시 실패를 겪어야 한다. 실패를 통해서 잘되는 방법을 스스로 깨달을 수 있기 때문이다. 그래서 큰 성공, 위대한 성공을 이룩한 사람일수록 실패의 골 또한 깊다.

오프라 윈프리는 언젠가 자신의 쇼에서 이런 말을 했다.

"저는 그동안 사람들에게 각자 꿈을 가질 필요와 그것을 이룰 수 있다는 확신에 대해 자주 이야기했습니다. 그것은 분명한 진실입니다. 처음에는 몇 번의 좌절 때문에 어려움을 겪기도 했죠, 하지만 그러한 좌절은 저에게 어떠한 것도 이겨낼 수 있다는 가르침을 주었습니다. 우리가 불가능하다고 여기는 모든 것을 우리는 할 수 있습니다."

성공자들은 하나같이 숱한 시련과 역경 속에서도 묵묵히 자신의 길을 걸어온 사람들이다. 그들에게 어려움은 그들을 더욱더 강하게 튀어 오르게 하는 스프링보드와 같다. 어쩌면 그들이 지금의 괄목할 만한 성공을 이룰 수 있었던 것은 시련과 역경 때문이었는지도 모른다.

영국 소설가 조지 버나드 쇼의 말을 기억해보라.

"사람들은 항상 그들의 현 위치가 그들의 환경 때문이라고 탓한다. 나는 환경을 믿지 않는다. 이 세상에서 출세한 사람들은 자리에서 일어나 그들이 원하는 환경을 찾는 사람들이다. 그리고 그들이 원하는 환경을 찾지 못할 경우에는, 그들이 환경을 만든다."

지금까지 살아오면서 진정한 나의 길을 찾지 못하고 앞으로 나아가지 못하고 살았다. 그러나 바닥난 인생에서 만난 한 줄기 찬란한 빛으로 생각의 틀을 벗어버리고 새로운 나의 길에 도전해나가고 있다. 제1의 인생이 육체적인 노동의 힘든 삶이었다면 제2의 인생은 육체적인 노동의 일이 아닌 다른 삶을 살고 싶었다. 내가 하고 싶은 일, 나의 특기를 살리고 살면서 쌓은 경험, 지혜, 깨달음 등의 재료를 버무려 작가와 강연가의 꿈을 이루기 위해 남은 열정을 쏟아붓고자 한다. 인간의 삶이란 가문, 전통 또는 혈통으로 결정되는 것이라고 믿는 일들이 참 많다. 그러나 다시 생각해보면, 삶이란 자기 생각과 말, 행동으로 만들어가는 개인의 창조물이 아닌가! 자신이 선택한 삶을 살려는 뚜렷한 목표의식과 그것을 꿈으로만 간직하지 않고 행동으로 실천하려는 강한 확신, 다시 말해 의지가 있어야 한다.

우리의 미래는 알 수 없다. 인생 절반을 넘게 살아온 아줌마가 미래를 말하면 사람들은 웃을지도 모른다. 그저 같이 뛰어갈 사람이 한 사람만 있어도 좋다. 그러나 내 목덜미를 잡는 사람은 없었으면 하는 바람이다. 가는 도중에 주저앉아 울 수도 있다. 그래도 나는 다시 일어설 것이다. 반드시 목적지에 도착할 것이며, 결과와 과정을 즐길 것이다. 행복하게 달려갈 것이다. 무엇인가 이루기 위해서는 자신을 뛰어넘어야 한다. 작은 미련이라도 남겨두고 커다란 변화를 기대할 수는 없다. 외줄도 타고 물 위도 걷는 모험이 자신을 기다리고 있을지라도 그곳으로 달려가야 한다.

누구나 인생의 마지막에 섰을 때 후회하는 것이 있다. 이를 가장 잘 표현한 책이 호주의 호스피스 간호사 브로니 웨어가 자신의 경험을 바탕으로 쓴 『죽을 때 후회하는 5가지』가 아닐까 한다. 이 책에서 말하는 죽을 때 가장 후회하는 5가지는 다음과 같다.

첫째, 다른 사람이 아닌 내가 원하는 삶을 살았더라면

둘째, 내가 그렇게 열심히 일하지 않았더라면

셋째, 내 감정을 솔직하게 표현할 용기가 있었더라면

넷째, 친구들과 계속 연락하고 지냈더라면

다섯째, 나 자신에게 더 많은 행복을 허락했더라면

이제라도 알았으니, 후회 없는 인생을 살아야 하지 않을까? 중년 대부분의 사람이 직면하는 현실은 이상과 너무 다르다. 가족과 함께하려고 외치고 싶으나, 아내 또는 남편과 자식들은 나와는 동떨어진 곳에 가 있다. 이것이 가정에서 설 자리를 잃어버린, 쓸쓸하게 인생 절반을 넘긴 사람들의 모습인 경우가 많다. 열심히 일만 하느라 놓쳐버린 시간 속에서 대화를 잃어버린 채 덩그러니 남아 있는 것이다. 열심히 일해서 일구어놓은 것을 정작 마지막에는 아무것도 가져갈 수 없다. 그러므로 남은 삶의 재테크를 하며 행복하고 즐겁게 살다 가는 것이 현명한 삶인 것이다.

06

$\times$

새벽을 열어 꿈을 이룬다

$\times$

하나님도 욕망을 가지고 천지를 창조하셨다. 그리고 매 순간 우리에게 더 많은 것을 바라시고 계신다. 당신이 원하는 것을 하나님도 원하신다는 것을 기억해야 한다.

상상력은 영적인 도구다. 상상력을 가지고 우리가 원하는 것을 실현하는 데 적극 사용해야 한다. 상상이 현실을 창조한다. 나의 의식이 하나님이고 나의 상상력이 하나님이다. 세상에 모든 것이 기회이고 돈을 벌 수 있는 것이다. 현재 상태에서 자신이 원하는 다른 상태로 가는 탈출의 여정이 시작된 것이다.

'한책협'의 김도사님은 20대 시절 불행과 가난으로 밑바닥 삶을 살았다. 알코올에 의지해 하루하루 버티는 삶을 살았다. 그러다 우연히 의식에 관한 책을 읽고 자신의 의식을 높이기 시작했다. 자신의 의식을 높이고 사업에 집중했다. 그 결과 150억 대의 자산가가 되었고, 최고의 책 쓰기 코칭 전문가가 되었다. 그는 무일푼인 자신을 평생 부자로 만들어준 책, 당신을 부자로 만들어줄 책이라고 다음 책을 이렇게 소개하고 있다.

『허공의 비밀』 남경흥 저자는 우리가 생각하는 것들이 이 현실 세계를 만든다고 한다. 그림에 맞는 현실이 펼쳐진다. 내면에 밝고 긍정적인 그림으로 명작을 그려야 한다. 우리의 마음은 자력을 가지고 있는 자석이다. 끌어당김의 법칙과 같이 밀어냄의 법칙도 있다. 비슷한 주파수를 갖고 있는 것들은 서로 끌어당기고 다른 주파수로 진동하는 것들은 서로 밀어낸다. 진동의 법칙과 끌어당김의 법칙의 핵심은 당신이 생각하는 것은 무엇이든지 당신이 얻게 된다는 것이다.

작가가 되고 싶었던 이유는 특별한 인생, 사람들에게 인정받는 삶을 살고 싶었기 때문이다. 성공하고, 인정받을 수 있는 길은 내 이름으로 된 책을 펴내는 것, 1인 창업을 통한 고수익 창출, 평범한 사람이 빠르게 부자가 되기 위해선 의식 혁명을 하는 게 더 중요한 일이다. 의식 크기만큼 빠르게 부자가 되고 성공을 한다. 의식이 중요하고 의식이 전부다. 생각하는 것을 우주는 우리 현실에 펼쳐놓는다. 인생은 내가 스스로 창조하는 것이다. 인생을 단단하게 다져가는 사람들은 모든 것을 소중하게 생각한다.

김도사님은 새벽 시간을 활용해 인생에 성공한 사람이다. 『천재작가 김태광의 36세 억대 수입의 비결, 새벽에 있다』와 『출근 전 2시간』을 보면 새벽 시간의 중요성을 알 수 있다. 그는 20대 초반부터 출근 전 새벽 시간에 매일 글을 썼다. 아니, 책을 썼다고 하는 것이 더 정확한 표현이다. 직장 생활을 하면서, 공사장에서 막노동을 하면서도 새벽 시간을 놓치지 않고 붙잡았다. 남녀노소 상관없이 그를 만나면 3개월 안에 책을 내는 작가로 탄생한다. 그는 이런 결과를 잉태한 시간이 바로 새벽이었다고 고백한다.

꿈이 있는 사람은 꿈을 이루기 위해 시간을 헛되이 보내지 않는다. 시간은 곧 돈이라고 말한다. 새벽을 열어 꿈을 이룬 사람들은 많다.

'변화연구소'를 운영했던 고(故) 구본형 소장은 2년 동안 새벽 4시에 기상해 글을 썼다. 그가 쓴 『익숙한 것과의 결별』, 『낯선 곳에서의 아침』, 『그대, 스스로를 고용하라』들은 불과 1~2년 사이에 쓴 것들이다. 1인 창업이라는 새로운 일을 준비하는 과정에서 1년에 한 권 이상을 쓴 것이다. 창업 준비를 하는 자신의 자세를 확실하고 분명하게 담아내고 있다. 이런 결과를 이룬 것은 그가 새벽을 살았기 때문이다.

밤낮을 바꾸어 생활하는 사람들도 많은 세상 흐름이다. 낮의 시간은 직장과 집안일로 잠시면 흘러가고 오로지 새벽이 되어야 나만의 시간인 것이다. 가족들도 꿈나라로 가 있고 누구에게도 방해받지 않는 시간이다. 그래서 집중할 수 있는 새벽에 책을 읽고 쓴다. 나와 책만 존재하는 시간, 그때가 바로 새벽이다. 낮보다 고요한 새벽에 집중력은 몇 배의 효과를 나타내기 때문에 집중력이 필요한 일은 대부분 새벽 시간을 활용한다.

새벽에 할 수 있는 일은 얼마나 있을까? 후지모도 겐고의 『3시간 수면법』, 사이쇼 히로시의 『아침형 인간』을 보면 새벽이나 아침을 통해 인생을 바꾼 사람들은 부지기수다. 새벽 시간을 활용해 자격증을 몇 백 개 딴 사람도 있다. 고졸 출신 명장 김규환 씨는 대우중공업 입사에 실패해 사환으로 입사했다. 그는 몇 년 동안 새벽 5시에 출근해 기계 워밍업을 준비했다. 그는 자격증 시험에서 수십 번을 낙방하고도 포기하지 않고 도전했다. 그리하여 우리나라 1급 자격증 최다 보유자가 되었다. 그는 학원에 다녀본 적도 없는데 하루에 1문장씩 외워서 현재 5개 국어를 할 수 있다. 그는 제안 2만 4,612건, 국제발명 특허 62개 보유자로, 지금은 전국으로 강연을 다니는 유명 강사다.

"부지런하면 굶어 죽지 않는다."

"준비하는 자에게는 반드시 기회가 온다."

"목숨 걸고 노력하면 안 되는 일 없다."

김규환 명장의 성공 법칙이다. 그는 보통 밤 9시경에 잠들어서 새벽 12시나 1시경에 일어난다. 그리고 새벽 6시까지 책을 보다가 출근한다. 이렇게 새벽을 활용한 것이 그의 성공 요소 중의 하나다.

성공하는 사람들의 공통점은 집중력이 높은 새벽 시간에 자기 계발을 한다는 것이다. 누구에게나 자신에게 집중할 수 있는 시간대는 다르겠지만 아무에게도 방해받지 않는 유일한 새벽 시간에 관심 분야에 대한 전문적인 공부를 하기도 한다. 자신에게 맞는 집중도가 높은 시간을 이용해 자기 계발을 꾸준히 해나가야 한다. 어떤 것을 이루려고 한다면, 다시 말해 하나를 얻으려면 하나를 버려야 한다. 미래의 방향을 설정하려면 나만의 시간을 챙겨야 한다.

저녁 식사를 핑계 삼아 먹는 한잔의 술, TV 시청, 친구와의 잡담 등 어긋난 생활 습관을 바꿔야 한다. 우리는 누구나 똑같이 하루 24시간을 살고 있다. 그러나 어떤 이는 1시간을 더 보태 25시간처럼 살기도, 하고 또 어떤 이는 23시간처럼 살기도 한다. 자신에게 시간을 투자해야 한다. 사람은 누구나 자기가 좋아하고, 목표가 있으면 자신만의 시간을 만들어 목표를 향해 나갈 것이다. 그러다 보면 자투리 시간까지 활용하려 할 것이다. 이렇게 장담하는 건 내가 그랬기 때문이다.

지금도 나는 부득이한 경우가 아니면 모임이나, 회식 자리, TV 시청, 친구와의 잡담 등을 마다하고 책상 앞에 앉아 있다. 왜냐하면 나는 이 시간이 너무 행복하고, 그래서 이 길을 선택했기 때문이다. 새벽은 나만의 시간이다. 나는 새벽 시간을 이용해 책을 쓴다. 누구의 간섭도 받지 않고 생각하고 창조해낼 수 있는, 집중력이 가장 높은 시간대라서 더 빠르게 책을 쓸 수 있기 때문이다. '3시간 수면법'에서는 새벽 기상을 하기 위해 단계적으로 훈련을 하기도 한다. 3주 21일 동안 습관을 들이면 우리 뇌에서 그 시간에 기상하라고 메시지를 준다는 것이다. 새벽 시간을 활용해 많은 성공자들이 꿈을 이루어냈다. 그들이 해냈다면 누구든지 할 수 있다. 삶을 변화시키고 싶다면, 아무도 간섭하지 못하는 새벽을 열어 꿈을 이루어보라. 새로운 인생의 재테크를 위해 최고의 자기 계발을 할 수 있을 것이다.

07

인생 선물 보따리

우리가 지구별에 태어난 자체가 인생 선물 보따리인 것이다.

나는 내 인생의 설계자이자 운명의 주인이다. 성공은 우리를 기다려

주지 않으며, 인생은 계획대로 전개되지 않는다. 만반의 준비를 했다

면 무엇을 기다리는가? 핑계거리를 찾지 말고 즉시 행동하자! 첫 번째

발걸음을 내딛는 순간 완전히 새로운 인생이 펼쳐질 것이다.

사람은 누구나 이 세상에 태어날 때부터 주인으로 태어났다. 다만 성인이 될 때까지 부모님의 보살핌 속에서 많은 것을 배우고 익히며 가르침을 받는다. 성인으로 사회 경험을 하며 부모의 뒤를 이어 부모가 되고 아이들을 낳아 기르고 성장시킨다. 이 과정 모두가 지구별에 태어나 각자의 주어진 인생에서 맡은 바 최선을 다하며 살아가는 인생의 고정된 관념이다. 어린 시절에 가난한 가정형편으로 공부 잘하고 재주 많았던 나는 제대로 꿈을 펼쳐 나가지 못하고 생활 전선에 뛰어들어야 했다. 그렇게 시작된 나의 사회생활은 의지할 곳 없는 타지로 나오면서 경험 부족으로 많은 빚을 지게 되었고 빚으로 인해 인생에서 가장 활짝 핀 꽃다운 젊은 시절은 젊음을 만끽하며 즐겨볼 틈도 없이 어느 사이엔가 훌쩍 멀어졌다. 돌아보니 나의 인생은 나뭇가지마다 곱게 물들이고 있는 가을의 중턱을 넘어가는 시점이다.

육신을 선물로 받고 지구별 여행을 하면서 살기에 급급해 저녁과 같이 잠깐이면 지나가는 인생을 아무런 의미도 없이 그냥 왔다 가는 삶이 되어서는 안 된다는 생각이 자신을 찾게 만들었다. 돌아가는 영혼의 세계는 아무것도 가져갈 수 없는 인생사지만 지구별에 선물로 태어나 무엇 하나 남김없이 돌아간다면 그냥 사는 대로 살다 가는 사람의 분량밖에 되지 않는다. 하나님이 내 인생을 멋지게 계획해놓으신 길을 멋지게 살다 가기 위해서라도 평범한 나로 살도록 꿈을 버릴 수는 없었다. 이미 꿈은 이루어졌지만 나는 더 큰 꿈의 성공을 이루고자 도전하고 있다. 나는 품에 끌어안기도 벅찰 만큼 많은 선물을 받았다. 목록을 말하기도 헤아릴 수 없을 만큼 축복의 선물을 하나님이 이루어주셨다. 이제는 나그네 같은 인생을 살면서 봉사하고 베풀면서 더불어 잘사는 길을 가기 위해 노력하는 삶을 살아야 한다.

성공한다는 것은 돈을 많이 벌 수 있다는 것이다. 돈을 많이 벌어 좋은 일을 하면 된다. 부를 축적해 가난을 구제하고, 기아를 해결하고, 세계 환경 문제를 해결할 수도 있다. 후진국의 가난한 사람들을 위해 우물을 파고, 공장을 짓고, 학교를 지어주면 된다. 아니, 그렇게 멀리 가지 않아도 돈을 많이 벌어 부모와 형제, 친척들을 도우면 된다. 그리고 지역사회와 우리나라 전체로 기부 범위를 넓힌다. 내가 살아온 중에 무엇보다 값진 나의 선물은 작가의 꿈을 이룬 것이다. 작가가 되고 싶었던 꿈을 이루었고 이제는 부를 창출할 메신저 역할을 하기 위해 최선을 다하고 있다. 의식을 높이는 책을 읽고 상상, 의식으로 이미 부자가 되고 그 과정을 구체적으로 실천한다면 내가 원하는 대로

다 이루어지는 것이다. 또한 '돈'과 '부자'에 대한 개념과 원리를 알려주는 책을 읽는다.

『백만장자 메신저』를 쓴 브랜든 버처드의 이야기다.

그는 19세에 자동차 사고로 죽음의 문턱에서 살아났다. 그는 '골든 티켓'을 받았다고 생각했다. 이후에 자신이 죽을 뻔했던 그 경험을 사람들에게 전달한다. 그리고 자신이 골든 티켓을 받은 것처럼 청중도 골든 티켓을 받을 차례라고 강연한다. 그의 연설을 듣고 많은 사람들이 감동한다. 그는 1인 기업가가 되어 자신의 경험을 통해 다른 사람을 돕는다. 그 직업을 메신저라고 부른다. 누구나 자신이 가진 경험이 있기에 그 경험을 메시지로 만들어 어려움을 겪는 사람들을 도우라고 한다. 그리고 메신저가 되기 위해 필요한 준비를 단계별로 작성하도록 빈 공간을 남겨두었다.

누구나 메신저가 될 수 있다. 아이를 키우거나 우울증을 겪다가 자존감을 회복한 경험이 있다면 그런 사람을 도울 수 있다. 학창 시절 왕따를 당했거나 직장 생활을 했거나 장사를 한 경험도 활용할 수 있다.

질병을 앓거나, 다이어트를 하거나 여행한 것도 우리를 메신저로 만들어줄 수 있다. 특별한 경험을 하지 못했다고 자신이 부족하다고 생각하지 않아도 된다. 세상에는 특별한 경험을 하는 사람보다 평범한 경험을 하는 사람들이 더 많다. 자신의 메시지를 들어줄 사람이 많다는 것은 메신저로 큰 사업을 할 수 있다는 것이다.

리처드 브랜슨의 『비즈니스 발가벗기기』, 엠제이 드마코의 『부의 추월차선』은 비즈니스에 대해, 부자가 되는 법에 대해 동기 부여를 확실하게 해준다. 저자들은 돈의 개념과 원리에 대해, 부자가 되는 방법에 대해 아주 쉽게 이야기해준다. 누구나 부의 추월차선을 탈 수 있다고 격려해준다.

성공한 사람들은 자기 계발을 위해 책을 읽고 자신들이 성공할 수 있었던 비결에 대한 책을 냈다. 성공한 사람 대부분이 자신만의 책을 펴냈다. 그만큼 책은 메신저로서 최고의 역할을 해주며 메신저로서 기본이 바로 책이라고 말할 수 있다. 책 속에 메신저 역할을 할 수 있는 내용을 담아 책을 펴내고 메신저 역할로 세상에 널리 알리며 수익 창출을 반영하는 것이 인생 최고의 선물 보따리가 되는 것이다.

뇌 전문가 이시형 박사는 80세가 넘은 나이에도 여전히 현역으로 뛰고 있다. 각종 문화행사와 문화, 역사, 기행도 진행한다. 사회에서 '노년층'으로 분류되는 나이에도 그는 활력이 넘친다. 수필가로 사랑받는 철학계의 거장 김형석 교수는 『100세 철학자의 철학, 사랑 이야기』로 지난 100년 인생의 굵은 기점들을 지나온 저자가 사랑을 통해 깨달은 삶과 철학과 대화에 대한 이야기를 전하며 지금도 왕성한 집필을 하고 있다. 그리고 일요일이면 '전국노래자랑'을 외치는 사회자 송해 선생님은 90세가 넘은 나이임에도 여전히 사회자로서 열정적으로 활동하고 있다. 이렇게 많은 분들이 나이에 상관없이 가지고 있는 소질로 왕성한 메신저 역할을 하며 성공자의 삶을 살고 있다. 나는 이 세상 지구별에 태어난 선물로 가장 소중한 가족을 받았고 내 인생 최고의 선물 보따리인 작가의 삶을 키워나가고 있다.

08

어제의 꿈은 내일의 희망이며
오늘의 현실이다

행동하는 사람처럼 생각하고 생각하는 사람처럼 행동하라.

- 앙리 베르그송

    꿈이 있는 사람은 삶의 태도가 다르다. 꿈을 이루기 위한 열정으로 가득 찬 하루하루를 보낸다. 시간을 허투루 보내지 않으며 성공에 대한 자기 계발에 중점을 두고 노력하며 실행한다. 꿈도 없이 사는 대로 사는 사람들과는 어울리는 일이 없다. 성공자들의 주변 사람들은 거의 성공한 사람들로 이루어져 있다. 같은 성공자의 대열에 서서 성공에 관한 것을 주고받으며 앞서 나가기 위한 발판으로 만남을 가진다. 그러므로 성공자들은 활력이 넘치는 삶을 살아가고 있다. 반면에 꿈이 없는 사람은 시간 관념도 없이 하루하루를 흘러가는 시간 속에서 사는 대로 그냥저냥 살아가고 있다. 이렇게 산다는 것은 무언가를 시작할 수도, 무슨 일이든 할 수도 없는 인생 막바지에 다다른 사람들의 이야기이다. 이왕에 이 세상에 한 번 태어난 인생에서 꿈도 없이 살아간다면 허무한 인생이 아깝지 않은가? 늦었다고 할 때가 가장 빠른 시작이다. 지금부터라도 꿈을 가지고 꿈에 대한 삶을 구축해가면 활기찬 날을 살아가게 될 것이다.

꿈이 있어야 행복한 인생을 살아갈 수 있다. 꿈을 이루기 위해 주어진 시간을 낭비하지 않을 것이며 미래에 대한 희망으로 의욕을 잃지 않는 삶을 살아갈 수 있기 때문이다. 누구나 다 같이 공존하는 시간 속에서 꿈을 이루고 성공하는 성공자의 길을 살아가는 것은 모두 자신에게 달려 있다. 나는 어제의 꿈은 내일의 희망이며 오늘의 현실이라고 말하고 싶다. 오늘도 어제 가지고 있던 꿈을 내일의 희망으로 삼기 위해 열심히 노력하며 어제보다 조금 더 나은 오늘을 살아가고 있다. 게 으름을 피우지 않으며 어떻게 하면 빠르게 내 시간을 가질 수 있을까에 대해 생각하며 순번을 정하여 해야 할 일을 마무리하고 나만의 시간을 만들어 책상 앞에 앉는다. 책을 읽기도 하고 책을 쓰는 지금의 나는 최고로 행복한 삶을 살고 있다. 책을 쓰기 전에 내 모습은 찾아볼 수가 없다. 예전에는 여유 시간이 있으면 먹거리를 사러 마트를 수시로 가고 해야 할 일도 뒤로 미루며 TV 속에 눈을 고정하고 시간 가는 줄도 모르게 의미도 없는 시간을 흘려보냈다.

예전 모습이 아닌 지금의 내 모습을 보고 남편과 아이들도 변해가고 있다. 제일 눈에 띄게 변한 것은 TV를 적게 보게 된 것이다. 소음을 싫어하는 나를 배려해주는 마음으로 꼭 필요한 것만 보고 자제해주는 것이었다. 책보다는 휴대폰을 손에서 놓지 않았던 아이들도 읽기 위해 쌓아놓은 나의 책에 관심을 가지고 읽어보기 시작했다. 아이들은 책을 읽으며 하는 말이 읽어보니 괜찮다며 늦은 밤까지 읽기도 한다. 내일을 위해 일찍 자라고 말하는 나에게 엄마가 책에 파묻혀 사는 이유를 알 것 같다며 고개를 끄덕인다. 집안의 주춧돌 역할을 하는 엄마인 내가 변하니 가족의 생활 습관도 바뀌게 된 것이었다. 나는 아이들의 미래도 확신한다. 작가 엄마를 둔 아이들도 누구 못지않게 성공한 성공자의 삶을 살아갈 것이라고 믿으며 어제의 꿈은 내일의 희망이며 오늘의 현실이라는 것을 믿고 앞을 향해 전진하는 오늘을 보낸다.

우리 모두 항상 하는 말을 자신이 원하는 이상적인 말로 바꾸어 말한다면 인생이 좋은 방향으로 바뀔 것이다. 스스로 어제의 꿈이 내일의 희망이며 오늘의 현실이 될 수 있다고 말하라.

우리의 성공은 우리 자신이 의도적이고 의식적으로 통제할 수 있다는 걸 알려주고 돈과 관련된 문제를 해결하는 데 도움을 주기 위해서다. 우리는 굳이 부잣집에 태어나지 않더라도 부자가 될 수 있다는 것이다. 또 학교에서 학위를 딸 필요도 없이 인종, 성별, 체형, 종교 같은 것과도 상관없이 성공할 수 있다는 것이다. 우리는 단지 몇 가지 간단한 원리를 배워서 지속적으로 실행하기만 하면 된다.

긍정의 생각이 말을 바꾸고 긍정의 말이 행동을 바꾸고 환경을 창조한다. 자신의 성공은 전적으로 자신에게 달린 문제로 자신만이 통제할 수 있다. 우리가 어떤 소망을 가지게 되면 그 소망은 나의 것이 될 수 있기 때문이다. 그래서 우리는 어떤 꿈을 꿀 수 있다. 모든 경험은 자신이 끌어온다고 한다. 즐겁고 기분 좋은 인생을 살겠다는 계획을 세우고 끌어당김의 법칙으로 성장을 이끌어간다. 꿈이 없는 사람은 방향이 없고 목적도 없는 사람들이다. 내 인생의 창조자는 나 자신이다. 꿈을 이루어가는 사람은 늘 행복하고 감사한 마음으로 산다. 어제의 꿈은 내일의 희망이며 오늘의 현실이다.

성공한 사람들은 어떻게 그 많은 꿈을 이루었는지 빅 존슨은 『13+1의 기적』에서 13가지 비밀과 1가지 원칙을 알려준다. 개인 파산으로 집을 잃고 자동차까지 잃었는데, 그 경험으로 자기 계발 전문가로 거듭나게 되었다. 이 책은 전설적인 자기 계발 대가들의 성공 비법을 요약 정리한 책이다.

꿈 : 비범한 (큰) 꿈을 꾸어라.
마음에 대고 원하는 것을 말한 다음, 마음속으로 열망하는 그 결과를 분명히 품어라.
목표를 설정하고 매일매일 성취를 위해 힘쓰고 그 과정 내내 자신에게 긍정적으로 말하라. (중략)

그렇다. 목표가 설정되어 있고 목표를 향해 끊임없이 노력하며 전진해야 한다. 말하는 대로 이루어진다. 긍정의 말을 항상 자신에게 반복적으로 말하라.

어떤 꿈을 꾸든 그 꿈은 현실이 될 수 있다. 이 책에서 말하는 마지막 1원칙은 주저하지 말고 지금 시작하라는 것이다. 미래를 예측만 하면서 까치발로 살고 싶지 않다. 지금 시작해야 한다. 시작하면 내일의 희망을 향해 더 가까워진다. 인내심과 결심으로 자신이 원하는 삶을 위해 행동하며 실천해나가야 한다. 나도 작가의 꿈을 가지고 도전해온 결과 어느새 두 번째 책을 써나가고 있다. 희망을 가슴에만 품은 채 아무런 행동과 실천을 하지 않는다면 가슴에 품은 희망은 물거품이 되어버린다. 할 수 있다는 믿음을 가지고 꿈을 향해 도전해야 한다. 욕망을 가지고 적극적으로 꿈을 이루고야 말겠다는 간절한 마음이 성공을 빠르게 불러오는 근본인 것이다. 어제의 꿈은 내일의 희망이며 오늘의 현실이다.

09

삶은 그린 대로 이루어진다

간절히 원하면 정말 이루어진다. 같은 일을 하는 두 사람 중 성공할 거라는 생각으로 하는 이가 그렇지 않은 이보다 성공할 가능성이 더 크다.

예수께서는 "무엇이든지 기도하고 구하는 것은 받은 줄로 믿으라. 그리하면 너희에게 그대로 되리라."고 말했다. 하나님께 구하는 기도를 할 때 이미 내 것이 되었다는 믿음으로 기도해야 한다. 이미 내 것이 되었다는 결과의 관점에서 기도하는 것이다.

"나는 내가 원하는 모습으로 변할 수 있다." 항상 이 말로 자신을 격려하자. 그러면 틀림없이 자신이 원하는 모습으로 변해 있을 것이다.

맞는 말이다. 그동안 살아온 날을 돌아보면 생각하고 그린 대로 모든 것을 이루었다. 빚더미에 눌려 하루하루를 개미처럼 일하고 열심히 노력하며 힘겨운 날들을 버티며 살아왔기에 커다랗게 보였던 빚을 갚을 수 있었고 탄탄한 가정을 이루었으며, 듬직한 모습으로 성장한 자랑스러운 삼형제가 의젓하게 나의 버팀목으로 나를 지켜주고 있다. 이제 하나님이 멋지게 연출해놓으신 제2의 인생을 온전히 살기 위해 삶의 그림을 그리고 완성품을 만들어가고 있다. 작가의 길을 가고자 책을 쓰기 시작할 때 작가란 타이틀이 멀게만 느껴졌다. 그랬던 날이 얼마 전인데, 상상하며 '난 이미 유명한 베스트셀러 작가'라고 확언을 한 그대로 작가의 대열에 오르게 됐다. 상상했던 꿈이 이루어진 것이다. 벌써 나는 두 번째의 책을 마무리하는 단계에 와 있다.

혼자서 도맡아서 했던 집안일도 각자에 맞는 분야별로 집안일을 나누어하게 된 것이 나에게는 가장 큰 보너스 선물이다. 아이들은 떨어져서 직장 생활을 하다 가끔 집에 올 때면 먹을거리를 잔뜩 사 들고 온다. 책을 쓰느라 외출도 잘 안 하는 작가 엄마에게 드리는 선물이라고 한다. 가족이 다 같이 모여 밥을 먹고 설거지를 하려고 하면 아이들은 작가님 손에 물 묻히지 마시고 책만 쓰시라며 큰 덩치로 설거지를 한다. 여기까지는 상상했던 그림이 아니었는데 일만 할 줄 알았던 엄마가 책을 써서 작가가 되고 지금도 책을 쓰고 있는 모습이 너무 좋다고 한다. 설거지쯤이야 식은 죽 먹기라고 하면서 큰 손으로 야무지게 설거지를 해준다.

작가가 되고 책을 쓰면서 많은 것을 얻었다. 책을 쓰면서 가정과 가족의 소중함을 절실히 깨닫게 되었다. 여기까지 살아온 이유도 가정과 가족이 있었기 때문이며 삶의 많은 경험을 하게 된 것도 가족이 있었기 때문이다. 만약 혼자만 살았다면 무슨 재미로 살았겠는가? 고난의 길이었고 아픔도 많이 겪으며 살아왔지만 그 속에서 함께한 가족의 끈끈한 애정과 사랑을 더 듬뿍 느꼈다.

책은 나의 분신을 만들어냈다는 것을 뜻한다. 책은 온 세상을 돌아

다니며 내가 갈 수 없는 곳을 다니며 나를 대신해 상담하고 조언하고 나를 판매한다. 책이 나의 분신이 되어 활동하는 것이다. 그만큼 책은 위대한 힘을 가지고 있다.

내 인생의 재테크는 책으로 시작되었다. 코로나19로 사회적 불안감이 커진 상태에서 삶의 재테크로 처음 책을 쓸 때는 그동안 겪은 경험담을 적어 내려가느라 시간 가는 줄도 모르고 썼던 것 같다. 머릿속에 떠오르는 생각이 앞서 나가서 키보드를 치는 손가락이 더디게 따라가야 했다. 낯선 노트북을 접하는 것이 어려워 아이들에게 수십 번씩 되묻고 금방 가르쳐준 것도 새겨듣지 못해 재차 물어가며 그렇게 첫 책을 완성하게 되었다. 그리고 상상했던 대로 첫 책을 쓴 지 3개월이 안 되어 두 번째 책도 초고를 완성하고 출간 계약을 하게 되었다. 두 번째 책을 쓸 때는 글의 맥이 안 잡혀 머리를 짜내야 하는 어려움이 따랐다. 그래도 시작을 하면 시간이 흐르는 대로 책은 써나갈 수 있었다. 책은 쓰면 쓸수록 쓰고 싶다는 욕구가 생긴다. 내 삶은 내가 그린 대로 이루어진다. 또한 말하는 대로 이루어진다고 믿으며 확신한다. 지난날의 삶과 이 순간을 돌아보면 생각하고 그려놓은 대로 모든 것은 이루어지고 있었다.

김도사님의『100억 부자의 생각의 비밀』에는 이런 내용이 나온다.

죽으면 누구나 묘비나 납골당에 이름을 새기게 된다. 그러나 부모님이 지어주신 이름을 납골당에만 새겨선 안 된다. 이름을 책에 새겨야 한다. 자신의 스토리와 지혜, 삶의 깨달음이 담겨 있는 책에 당당히 새겨야 한다. 당신의 이름이 새겨진 책을 읽으며 자식들은 당신의 삶을 기억하고, 부모의 철학과 지혜를 생각하며 더 나은 삶을 살 것이다. 세월이 지나면 부모에 대한 기억은 옅어지지만 책에 담겨 있는 부모의 유산(지식, 경험, 지혜)은 생생하게 기억된다. 책 출간 후 나의 삶은 완전히 바뀌었다. 그저 예전에 독서만 하던 모습에서 벗어나 책을 썼을 뿐인데 빛나는 삶이 된 것이다. 『성경』에서 예수님이 말씀하시는 '세상의 빛'이 된 것이다. 현재 나는 '빛의 일꾼'으로 살고 있다고 말한다.

삶은 그린 대로 이루어진다는 것을 김도사님을 보며 절실히 느낄 수 있다. 남은 미래에도 내가 그린 대로 이루어진다는 것을 믿으며 확신한다. 책으로 이어지는 영광된 삶을 살 것이며 가족과 함께하고 싶은 것, 갖고 싶은 것, 가고 싶은 곳을 다 다니며 선한 일을 행하는 선한 사람으로 살 것이다. 성공한 사람들의 성공 스토리를 읽으면 나도 할 수 있다는 자신감을 갖게 된다. 이것이 바로 자기계발서의 힘이다.

세계적인 경제지 「포브스」가 선정한 일본의 최고 자산가, 소프트뱅크의 CEO 손정의. 그는 위대한 성공을 이룩한 인물로 꼽아도 손색이 없는 사람이다. 그를 성공으로 이끈 것은 다름 아닌 책, 그것도 자기계발서였다. 20대 때 한창 사업에 매진하던 손정의는 1983년 간염으로 병원에 입원하게 되었다. 그때 그는 좌절하기보다 3년 동안 병원에 입원해 있으면서 매일 성공한 사람들의 책을 읽으며 자극과 영감을 얻었다. 당시 그가 3년 동안 읽은 책이 무려 4,000여 권에 달한다. 그는 다독을 통해 바로 곧 인터넷 시대가 도래한다는 것을 예감했다.

인터넷을 먼저 선점하는 기업이 성공한다는 것을 자각한 그는 800억 엔의 거액을 들여 세계 최대의 컴퓨터 전시회인 '컴덱스'를 인수했다. 또, 컴퓨터 업계에서 세계 최대의 출판사인 지프 데이비스를 사들인다. 이때 들인 돈은 무려 2,300억 엔이었다. 사람들은 그런 그를 보며 쓸모없는 기업을 거액에 사들였다며 수군거렸다. 그러나 그는 자신의 판단이 옳았다는 것을 증명해 보이겠다고 결심했다. 손정의는

지프 데이비스의 직원들에게 한 가지 특명을 내렸다. 21세기 세상을 이끌 사이트 5개를 찾아내라고 지시한 것이다. 그렇게 해서 찾은 것이 바로 야후였다. 당시 야후는 미국 직원이 겨우 6명에 불과한 신생 기업이었다. 그는 이제 막 설립된 야후의 무한한 잠재적 가치를 내다보고 선뜻 100억 엔을 투자해 최대 주주가 되었고, 야후 재팬을 만들었다. 이 모든 것을 가능하게 해준 것이 바로 책, 자기계발서였다.

현대 성공학의 대가이며 자기계발서의 창시자 나폴레온 힐은 "자신감이 있는 사람은 산도 옮길 수 있다. 자신이 성공할 것이라 믿는 순간 당신은 이미 성공의 첫발을 내디딘 것이다."라고 말했다. 이렇듯 자신감은 성공의 키워드다. 인생을 살아가는 데 있어 자신감과 열정이 있다면 무엇이든지 해낼 수 있다. 자신감이 만들지 못할 기적은 없다. 코로나19의 위기에도 기회를 얻을 수 있었다. 남은 미래의 인생을 재테크한다는, 자신감 있는 삶은 내가 그린 대로 이루어진다.

작가의 삶을 미래의
재테크로 선택했다

책을 읽어본 지가 언제인지, 손편지를 써본 지가 언제인지 기억에도 없던 내가 코로나19 사태로 사회생활조차 어려운 시기를 만났지만 오히려 위기는 기회라는 생각으로 책을 쓰게 되었다. 벌써 두 번째 책이다. 가슴속 언저리에 새겨두었던 꿈의 날개를 세상 밖으로 펼쳐내며, 퇴직할 염려와 은퇴할 나이도 정해져 있지 않은 책으로 삶의 재테크를 하고 있다.

나는 남은 인생을 책을 쓰는 일로 벗을 삼아 최고의 직업인 작가의 길을 미래의 재테크로 선택했다. 다가올 내일을 그냥 사는 대로 살기엔 의미가 없지 않은가? 작가라는 직업을 선택한 나 자신에게 잘한 일이라고 스스로 응원을 보낸다.

꿈이 있다면 1년이라도 빨리 꿈을 이루기 위한 길에 용기를 내어 도전해보길 바란다. 자신에 대한 믿음을 가지고 포기하지 않고 조금씩 나아간다면 반드시 꿈은 이루어질 것이다. 나는 첫 책에 이어 두 번째 책을 쓰면서 나이만큼 가슴에 쌓인 삶의 응어리가 어느새 깔끔하게 없어졌다는 것을 느낄 수 있었다. 책을 쓰면서 모두 쏟아놓았기 때문인 것 같다. 책으로 마음의 상처들을 치유하게 된 것이다. 남편이나 삼형제 아이들도 내 아내, 우리 엄마는 작가라고 말할 때 뿌듯함과 자부심을 느낀다고 말한다.

이제는 책을 쓰는 일이 일상이 되어버린 내 모습에 가족 모두 책과 가까이할 수 있게 된 것에 더없는 보람을 느낀다. 나의 책을 읽는 독자분들이 용기와 희망을 가지고 자신 있는 삶을 살아가는 데 조금이나마 도움이 되길 바란다.